TO PLAY OR NOT TO PLAY

ANTONIO PEDRO BORGES

TO PLAY OR NOT TO PLAY
O trabalho teatral do CETE

Copyright © Antonio Pedro Borges, 2008

Direitos de edição da obra em língua portuguesa no Brasil adquiridos pela TOPBOOKS EDITORA. Todos os direitos reservados. Nenhuma parte desta obra pode ser apropriada e estocada em sistema de banco de dados ou processo similar, em qualquer forma ou meio, seja eletrônico, de fotocópia, gravação etc., sem a permissão do detentor do copyright.

Editor
José Mario Pereira

Editora-assistente
Christine Ajuz

Revisão
Maria Alice Paes Barretto

Capa
Miriam Lerner

Diagramação
Arte das Letras

Imagens das págs. 59, 112 e capa
Rui de Oliveira

TODOS OS DIREITOS RESERVADOS POR
Topbooks Editora e Distribuidora de Livros Ltda.
Rua Visconde de Inhaúma, 58 / gr. 203 – Centro
Rio de Janeiro – CEP: 20091-000
Telefax: (21) 2233-8718 e 2283-1039
E-mail: topbooks@topbooks.com.br

Visite o site da editora para mais informações
www.topbooks.com.br

Sumário

Prefácio – Zeca Ligiéro 15

● **PRIMEIRA PARTE**
Introdução – To play or not to play 21

1 – O teatro como instrumento de conhecimento 24
2 – O teatro como veículo de um
    pensamento-entendimento corporal 28
3 – Em busca do teatro popular brasileiro 32
4 – Práxis 44

● **SEGUNDA PARTE**
Electra na Mangueira 63

1 – As reuniões no "Casa Grande" 65
2 – Módulo 1 68
3 – Módulo 2 81
4 – Módulo 3 84
5 – Módulo 4 88
6 – Módulo 5 93

Conclusão 103
Anexos 107

*para Alice, Ana, Andrea
e Fábio*

para Darcy Ribeiro (in memoriam) *e Hesio Cordeiro*

*Epitácio Brunnet, Pedricto Rocha F^{ho} e Ruy Garcia Marques
que me produziram*

*para Zeca Ligiéro
que me dirigiu*

*para Julio Calasso
que documentou o trabalho
em vídeo*

Aos menos amores

aos meus amigos

à minha turma

*aos companheiros de batalha
no TUERJ e no CETE*

Prefácio

Nossa aventura começou quando recebi um telefonema do amigo Caique Botkay, intercedendo em favor do amigo Antonio Pedro Borges que queria fazer o registro do seu trabalho junto ao CETE e buscava um apoio institucional. Como achei que era coisa simples, me dispus a dar o meu nome como possível Orientador Doutor da UNIRIO. Alguns dias depois, ele me aparecia com formulários, projetos, vídeos, e mil idéias, o homem tinha pressa. E logo depois, uma das secretárias da FAPERJ me ligou para falar dos tais formulários (foi o primeiro telefonema que recebi de alguém dessa instituição para falar de um candidato à bolsa em tantos anos de trabalho!). Antonio vai seduzindo a todos com seus fascinantes projetos e seu jeito brincalhão e sério e, para minha surpresa, não só conseguiu a tão difícil bolsa para desenvolver seu projeto como, posteriormente, em outro pedido, o apoio para transformar a sua monografia em livro. O mérito é seu, mas principalmente da FAPERJ por apoiar não somente esse jeito informal de fazer um trabalho conseqüente, como permitir ao autor da experiência desenvolver uma reflexão critica sobre o mesmo. Ao publicar a pesquisa, a FAPERJ também torna accessível essa fantástica documentação de mais de dez anos de pesquisa envolvendo importantes profissionais de teatro, professores, autores, universitários e comunidades que nunca viram e fizeram teatro e que foram, a partir dessa experiência, mordidas pela mosca azul do teatro.

A carreira de Antonio Pedro Borges como ator de teatro, cinema e televisão é por demais conhecida, assim como seu trabalho de diretor realizando espetáculos memoráveis e não vou incensá-lo. O objeto do presente trabalho se restringe especificamente à criação e ao desenvolvimento do seu trabalho junto ao CETE entre os anos de 1993 a 2002.

Quando ele me mostrou o projeto pela primeira vez eu vi logo que o trabalho não seria tão simples. Além de teatro, Antonio Pedro, exibia conhecimentos sobre navegação marítima, sobre gregos e troianos. Seu trabalho anterior era fruto também de colaborações com importantes diretores, atores e grupos de artistas e autores durante algumas décadas. Muitas de suas fontes, entretanto, se baseavam na própria experiência, em tradições orais ou em romances e filósofos que leu, mas que não se lembrava onde e quando, porque também creio que nunca precisou. Foi um desafio para ambos o desenvolvimento da sua escrita reflexiva "para-acadêmica". Fiz o papel de advogado do diabo, questionando-o sobre os seus procedimentos e a origem de seu pensamento. Ele, por insistência minha, reencontrou alguns dos livros e refez muitas vezes alguns textos seguindo algumas sugestões e observações. Fiz com o ilustre diretor o que gostaria de fazer com outros tantos diretores famosos que nunca citam ninguém e parecem surgir de uma espécie de geração espontânea embaladas pelos sonhos de fundação de um teatro nacional; questionei o seu discurso, sem entretanto, duvidar de sua veracidade e originalidade. Como também não sou um acadêmico ortodoxo e vivo também da prática teatral, não chegamos a ter grandes embates, nosso diálogo foi possível e a conclusão está agora em suas mãos.

Antonio escreve como fala e há nisso uma grande virtude, pois seu pensamento sobre uma importante aventura teatral é desenvolvido como algo que passa pelo cotidiano. Dá ao leitor que não faz teatro uma idéia precisa do processo criador, como ele acontece de forma espontânea, mas, ao mesmo tempo, é organizado e mobilizado pelo diretor/adaptador. Mesmo, sendo um leitor compulsivo, Antonio prefere imprimir o tom da sua própria palavra falada na descrição do que viveu com os atores, do que pensou e do que pensa. Entretanto sua argumentação é complexa e mesmo se filiando, pelo menos sentimentalmente, às correntes não européias, ele não hesita em citar abundantemente a filosofia grega e perceber de forma categórica a sua presença no mundo pós-moderno. Entretanto, o mais grego ou shakeaspeareano dos seus personagens passa assim por uma espécie de vivência pessoal que ele batiza convictamente de "afro-ameríndia", entendendo essa expressão como condizente com as raízes ocultas não só da informalidade comportamental dos atores que brincam, como a de todo o povo brasileiro que não freqüenta as poucas casas de espetáculo e as universidade. O termo "afro-ameríndio" surge então como uma espécie de rebeldia aos processos epistemológicos ocidentais, como forma de subverter os cânones do teatro ocidental. Algumas vezes, sua prática diretorial estabelece ligações com as formas celebratórias e processionais afro-brasileiras ou nativas, sem no entanto, querer aprofundar-se no estudo dessas linguagens.

"Quando iniciei meu trabalho foi na tentativa de encontrar um teatro popular brasileiro." E assim seu teatro também sai da casa de espetáculos tradicional para invadir outros espaços não convencionais, assim como ele próprio e em companhia de atores profissionais vai se aproximar de outros atores comunitários, de estudantes e de outros públicos, para realizar o seu objetivo, como afirmou em uma de minhas classes no Programa de Pós-Graduação em Teatro da UNIRIO em que palestrou. "Depois de passar por Brecht, teatro político, teatro ritual e os escambau, chegamos à conclusão óbvia que o teatro popular brasileiro, será aquele que o povo fizer, quer dizer, aquele que tem o povo dentro dele, que é praticado pelo povo."

Esse livro oferece uma preciosa chave pare entender os processos criativos de Antonio Pedro e seu CETE, mas vai além, reflete a preocupação e as buscas estéticas de muitos grupos e diretores contemporâneos voltados para uma arte libertária fundamentada nas expressões e nos jogos da maioria da população brasileira, tão rica em suas manifestações espetaculares e tão longe dos palcos: como personagem, como ator e como público.

Zeca Ligiéro, autor, diretor e professor-doutor em Teatro, Coordenador do Núcleo de Estudos das Performances Afro-Ameríndias da UNIRIO.

PRIMEIRA PARTE

TO PLAY OR NOT TO PLAY

Introdução:

O CETE – Centro Experimental Teatro Escola é uma companhia profissional de teatro que trabalha também com atores e técnicos não profissionais.

Somos um centro de formação e aprendizado em artes cênicas.

Investigamos a arte do ator e, através dela, a dramaturgia popular brasileira.

Trabalhamos juntos há quase vinte anos e, nos últimos dez, vimos desenvolvendo um método nosso de criar, produzir e montar espetáculos, além de promover um jeito novo de passar conhecimentos cênicos aos não profissionais, tendo o corpo do ator como veículo desse conhecimento.

Subjetividade e objetividade se misturam neste processo.

Portanto,

PARA COMEÇAR,

sou um ator, um artista criador de uma arte específica, que não é literatura, nem arte cinética, nem visual, nem música, embora venha, habitualmente, acompanhada delas todas.

Ao contrário destas, no entanto, a minha arte é imediata, não precisa de um meio entre mim e o meu público.

Sou um artista que tem o privilégio de vivenciar sua criação junto com seu espectador-ouvinte, mas, em compensação, a imortalidade me é negada.

A imortalidade, embora relativa, dos outros artistas, (Homero tem quase três mil anos!) às vezes, me acabrunha.

Tento perpetuar-me em fotos, filmes e vídeos, mas me dou conta que aí está apenas uma representação do que faço, pois minha arte, tão próxima da minha vida, também é mortal, já que não permanece no seu registro.

É como a foto de um avô que você não conheceu.

Você apenas pressente a sua presença pelas histórias que contaram dele.

Às vezes, me comporto de maneira inusitada, esperando que a minha excentricidade me traga uma certa notoriedade que venha a ser objeto de gargalhadas futuras em torno das fogueiras da minha tribo.

Sei que, como o literato, uso a palavra, só que, em mim, ela está encarnada, emocionada, faz parte do meu corpo.

Crio formas especiais dentro de um espaço proposto, me movimento, mas é meu corpo presente que atua.

Minha música está no meu canto, emitido pelo meu corpo, meu raciocínio vem misturado à energia emocionada que meu corpo emite.

Sou um intérprete, assim como todo artista interpreta o mundo através da sua arte e, com certeza, o que faço não é apenas uma representação.

Brinco, jogo, toco, interpreto e represento: *TO PLAY* é meu verbo.

Não sei por que minha língua, a última flor do Lácio, esquartejou este meu ato.

O ato do pintor é pintar, o do escritor, escrever.

O meu, com certeza, não é apenas representar, é *TO PLAY*, com todas as suas simultaneidades e ambigüidades, como meu corpo, vivendo, percebe o mundo. Minha arte pressupõe minha presença viva junto ao corpomente vivo do meu espectador-ouvinte que é, portanto, co-participante do ato criativo.

O ato de pintar não é a pintura, nem o de escrever, o livro.

A subjetividade do artista está presente no meio (livro, tela).

É o meio que emociona o público.

Minha subjetividade está em contato direto com a subjetividade do meu público. Meu ato é minha obra.

Ao contar uma história fantástica ao vivo, eu torno a fantasia concreta, palpável.

Hamlet é um ser fantástico, criado pela mente de um grande poeta, mas, no meu corpo, ele se torna concreto, tem voz, cheiro, suor, emoções, tem meu inconsciente, com todas as suas ambigüidades, em contato vivo com o inconsciente do público, enfim, eu transformo a fantasia do poeta numa realidade concreta, dou existência material à poesia.

Esta é a minha arte, a arte do ator.

É sobre ela que me disponho a escrever, embora saiba que tudo o que digo hoje, posso desdizer amanhã.

Sendo assim, devo advertir ao prezado leitor que não espere coerências nem precisões científicas, nem mesmo informações bibliográficas de peso, que dêem credibilidade àquilo que digo.

Minhas leituras sempre foram um tanto caóticas e depois de todos esses anos de militância teatral, foram se incorporando em mim, de modo que, mesmo emitindo idéias de alguém, tenho a impressão que sou eu que falo, o que me inibe de citar o autor por medo de traí-lo.

Também não tenho a pretensão de me comparar aos ilustres críticos e filósofos que já abordaram a arte teatral, por isso, mais uma vez, peço ao amigo leitor que não procure confirmações históricas, uma forma literária consistente e muito menos estilo, pois não sou escritor nem tenho formação acadêmica.

Peço que encare essas mal traçadas linhas como um exercício de fantasia.

Meu verbo continua sendo *TO PLAY*.

Não tenho problemas com a contradição nem com a ambigüidade.

Como todo ator, sou infantilmente irresponsável, um tanto mentiroso, gosto de brincar, de jogar, de cantar e dançar conforme a música.

1. O teatro como instrumento de conhecimento

HAMLET, O TRIÂNGULO E A IMAGINAÇÃO HUMANA

Gosto também de mudar de idéia e, só para contradizer o que escrevi acima, vou começar este trabalho fazendo uma citação.

"La fantasia tiene fama de ser la
loca de la casa, mas la ciência y
la filosofia que otra cosa son
sino fantasia? (...) Es indubitable:
el triángulo y Hamlet tienen el mismo pedigree.
Son hijos de la loca de la casa:
fantasmagorias."

Ortega y Gasset
(*Ideas y Creencias*)[1]

Para Ortega, Hamlet e o triângulo são frutos da mesma matriz: a imaginação humana. Portanto, ciência e arte são filhas univitelinas da nossa fantasia.

"O triângulo, como todas as fórmulas e figuras da ciência exata, só encontra sua exatidão pelo fato de ser uma mera construção mental".[2]

O grande geômetra Euclides começa o seu extraordinário e fundamental livro *Elementos*, com algumas definições: "O ponto é aquilo que não tem dimensões."

"A linha é um comprimento sem largura", etc.

---
[1] Ortega y Gasset, José – *Ideas y creencias* – Revista de Occidente, Alianza Editorial, Madrid.
[2] Ibidem.

Está claro que são construções mentais, que não dá para encontrar uma criatura dessas andando por aí, muito menos um triângulo, que é feito de linhas, mas nós temos a mania de achar que estas fantasmagorias são os únicos instrumentos para se conhecer o mundo.

É verdade que foi através dessas fantasmagorias que se deu o progresso tecnológico que criou a nossa civilização atual.

Eu mesmo, embarcado num contratorpedeiro da Marinha, o **Bertioga**, pude avaliar a importância do triângulo, pois eu o usei para encontrar a posição do navio.

No crepúsculo vespertino medimos as alturas das três primeiras estrelas que apareciam no horizonte com a ajuda do sextante, instrumento náutico inventado por Isaac Newton em 1700 e ainda usado no século passado.

Depois, usando tabelas astronômicas, chegamos à posição (provável) do navio no oceano, através de três triângulos cujas bases se cruzavam na superfície do mar, formando um quarto triângulo em cujo centro geométrico estaria o navio.

Isto no século XX.

Hoje, com satélites e computadores a resposta vem em segundos.

As fórmulas e figuras das ciências exatas levaram o homem à Lua.

Esta capacidade de ação sobre o Real, nos dá a impressão que as figuras geométricas são instrumentos de conhecimento também reais e não obra da nossa fantasia.

Nossa herança grega nos leva a considerar esta representação do Real como a mais perfeita e a mais profunda, principalmente pela sua óbvia utilidade.

A geometria e sua aplicação na física tem sido o principal instrumento para o entendimento e exploração do mundo, o instrumento do progresso humano e tendemos a pensar que, só através dele, este progresso é possível.

Mais ainda: que é a única maneira de chegarmos a um conhecimento mais profundo do Real e, que só através da sua aplicação prática, podemos melhorar as condições de vida da humanidade.

(Ao falar de humanidade já estou usando um pensamento unificador, que tende a criar sistemas que borram certas diversidades e contradições, para encontrar a precisão conceitual necessária e ser considerado científico ou filosófico).

Sem querer negar o óbvio, ouso afirmar que um pensamento diferenciador também tem sua qualidade.

O PLANETA, O ARCO E A SABEDORIA

Vou contar uma historinha a respeito disso.

Um ator amigo meu, o Érico Vidal, foi convidado por Gustavo Dahl para filmar na Amazônia maranhense, numa aldeia indígena no meio da selva (três dias de barco depois da última estação rodoviária e mais dois dias de caminhada no meio do mato). Ficou dois meses na locação e fez amizade com um índio que servia de intérprete.

O índio falava (mal) o português e foi imediatamente batizado pela equipe de Zé.

Um dia, Érico folheava uma velha revista *Manchete* que chegara pelo malote e tinha na capa aquela famosa fotografia da Terra vista da Lua: uma enorme esfera azul no espaço negro, acima do ocre horizonte lunar.

Zé, curioso, perguntou o que era aquilo.

Érico explicou que se tratava do nosso mundo, mas o Zé não acreditou.

Para ele o mundo não era redondo e, muito menos, azul.

Érico insistiu, dizendo que era uma foto, igual a que tinham tirado juntos.

O Zé não se convenceu e meu amigo, irritado, desistiu.

Dias depois, Érico treinava atirar com arco e flecha num tronco de árvore e como exercício, ia se afastando do tronco a cada tiro, até que errou e a flecha caiu no meio do mato.

O Zé estava ao lado dele como instrutor.

Os dois foram procurar a flecha, mas, atrás do tronco, havia um emaranhado de cipós e plantas e o Érico não estava conseguindo encontrar a flecha, quando notou que o Zé estava ao lado dele, de braços cruzados e com um sorriso sardônico no rosto.

Meu amigo, irritadíssimo, se esforçava para encontrar o diabo da flecha e nada. Finalmente desistiu e teve que pedir ao Zé para encontrá-la.

O Zé então, elegantemente, curvou-se e, com os dedos polegar e indicador da mão direita, tirou a flecha que, para ele, estava conspicuamente colocada entre os cipós e disse: "Então, é redondo é?".

Esta historinha é, para mim, exemplar.

Sabemos que nosso planeta é um esferóide, mas o simples fato de nos habituarmos a vê-lo como um todo, nos dificulta conhecê-lo nas suas reentrâncias e saliências, ou seja, no meio da selva, o Zé tem uma percepção mais arguta do mundo do que o Érico.

Neste caso, a objetividade do "civilizado" é menos objetiva que a do "selvagem".

Em se tratando do ser humano, a linguagem precisa das ciências exatas, mesmo a linguagem menos precisa das ciências humanas, é claramente insuficiente.

Nesta brecha se inserem as artes, principalmente o teatro, esta arte-vida do ator.

Como o triângulo, Hamlet também é fruto da fantasia.

Ser humano imaginário, revelado pela imprecisa linguagem poética, ele nos leva a caminhar nos labirintos da alma humana, interferindo concretamente no Real, porque está vivo no corpo do ator.

Trata-se de um instrumento de conhecimento concreto.

O espectador não é um objeto passivo desta relação, mas partícipe pela convivência, como se uma estrela pudesse sentir cócegas ao ser tocada pelo triângulo imaginário que mede sua altura.

2. O teatro como veículo de um pensamento-entendimento corporal

Nossa historinha nos revela que a competência do "selvagem" sobre o "civilizado" está ligada a algo anterior ao seu olhar sobre o mundo.

Como se fosse um pensamento anterior ao "selvagem" e ao "civilizado".

Um pensamento internalizado em cada um deles que, de certa maneira, diferencia o foco de seus olhares sobre o mundo.

Um pensamento encarnado, corporificado, fora da consciência.

Não estou falando do inconsciente freudiano, da pulsão dos desejos reprimidos. Falo de uma herança cultural, que se torna parte do nosso corpo e, portanto influencia nossos sentidos.

Percebemos o mundo com nossos sentidos, de certa maneira, "programados" pela nossa herança cultural.

A HERANÇA GREGA, AMERÍNDIA E AFRICANA

No Brasil, três heranças se misturam por trás do nosso pensamento: a Grega, a Ameríndia e a Africana.

É claro que estou simplificando.

A Grega quer dizer; greco-latina-celtíbera-gôda-mossárabe-judaico-cristã.

A Ameríndia, mais de setecentas línguas, unificadas pelos jesuítas numa Língua Geral baseada no Tupi.

A Africana, dois troncos lingüísticos poderosos, de um lado os *Iorubás* (*Nagôs*) e os *Fons* (*Geges*) e do outro os *Bantos* (do Congo e de Angola), distribuídos em incontáveis línguas e costumes.

Para simplificar vamos falar de heranças Grega, Ameríndia e Africana.

A Grega é, obviamente, hegemônica, submetendo, pela força da colonização, as outras duas às suas formas de expressão.

Muitas vezes ela inibe as formas de expressão das outras.

Há, no entanto, um lugar onde todas se encontram, no fundo, aquém do pensamento cultural que informa nossa percepção do mundo, no princípio, no pensamento arcaico de todas as tribos: o pensamento corporal dos humanos.

Lá onde não existem "selvagens" nem "civilizados", onde o ser humano se encontra e dialoga, aquém das diferenças.

Os gregos desenvolveram o pensamento abstrato, lógico, distinto do corpo, da matéria e o aplicaram sobre a matéria, transformando-a.

Seus herdeiros conquistaram o mundo com sua tecnologia.

É interessante verificar, no entanto, que os inventores do pensamento abstrato estiveram sempre submetidos ao pensamento das suas origens: o pensamento arcaico das suas tribos. (*Arché*: princípio)

O pensamento grego começou na poesia.

Depois tornou-se abstrato, mas na poesia tinha existência concreta (a "Necessidade" era uma senhora mal vestida, coitada...)

Também as emoções estavam encarnadas nos seus Orixás Olímpicos.

Esta encarnação do abstrato e do emocional mantém-se, até hoje, em todos nós.

No Brasil, está presente no cotidiano, graças, especialmente, às nossas heranças Ameríndia e Africana.

AGAMENON, XANGÔ E A ARTE DO ATOR

No século XII a.C. Agamenon conquistou Tróia na Ásia Menor.

Durante séculos, pela tradição oral, Agamenon se manteve vivo no corpo dos *Aedos* (cantadores) que cantavam sua história.

Quando passou a ser escrito ele se tornou um personagem literário.

Sua expressão corporal, viva, desapareceu.

Esta transformação demorou seis séculos para acontecer.

Enquanto a tradição oral permaneceu, o texto homérico continuava se modificando até encontrar sua forma canônica em meados do século II a.C, com Aristarco de Alexandria.[3]

No século XII d.C., na África Ocidental, Xangô, Alafim (rei) de Oió, ao morrer, desaparecendo por uma fenda do solo adentro, tornou-se um Orixá.[4]

Oito séculos depois Xangô permanece entre nós, vivo e dançando, incorporado pelo seu oficiante.

A arte do ator é assim, capaz de vivificar abstrações e sentimentos.

É um instrumento desse pensamento arcaico.

Num mundo onde o pensamento dominante é aquele cuja "pureza" formal e descarnalização são sua maior qualidade, onde a precisão das formulações e raciocínios é o apanágio da verdadeira ciência, estes aspectos profundos da natureza humana tendem a ser minimizados, quando não desconsiderados.

Nossa civilização ocidental mostrou a que veio e, pelo andar da carruagem, o futuro não se apresenta nada promissor.

As abstrações mais importantes que criou, os conceitos de Liberdade, Igualdade e Fraternidade, se não forem incorporados, de nada adiantam.

Nós, artistas de teatro, lidamos com o pensamento vivo, "carnalizado", comum a todos nós, e no Brasil temos a vantagem de contar com nosso sincretismo cultural. O povo brasileiro tem vocação natural para o teatro, graças à suas heranças tribais afro-ameríndias.

É capaz de transitar por entre esta forma de pensamento "impuro", cheio de reentrâncias e saliências, simultaneidades e ambigüidades, muito mais próximo do humano, que também é cheio de reentrâncias e saliências, simultaneidades e ambigüidades.

Quando expomos idéias políticas ou filosóficas através de um personagem, levamos, nesta exposição viva, todas estas ambigüidades do nosso corpo-mente.

---

[3] Nagy, Gregory, *Poetry as performance*, Cambridge University Press, 1996.
[4] Pessoa de Barros, José Flávio, *A fogueira de Xangô, Orixá do Fogo*, Intercon, UERJ, 1999.

De certa maneira estamos "sujando" estas idéias e tem que ser assim.

Se quisermos passá-las com toda a sua pureza conceitual, melhor escrevê-las.

No teatro, elas sempre virão misturadas às emoções do contato corporal ator-público e serão entendidas de maneira diferente, mas não menos importante, porque o teatro é um instrumento do pensamento corporal.

3. Em busca do teatro popular brasileiro

Durante todo este tempo de militância teatral estive sempre em busca de caminhos para um teatro realmente popular no Brasil.

Um lugar afetivo, no qual o povão se sinta tão bem quanto num show de música, num desfile ou num jogo de futebol.

Depois de passar pelo teatro político, teatro ritual e o escambau, fui chegando ao óbvio ululante: teatro popular é aquele que o povo pratica.

Constatado o óbvio, também constatei que o teatro, criado e desenvolvido pela nossa herança grega, chegou a nós na forma do teatro burguês europeu, que propõe o ator dentro de uma caixa de ilusões, separado do público, que deve permanecer em silêncio.

Obras primas existem neste esquema, sem dúvida.

Eu mesmo, meu lado francês que o diga, gosto muito de fazer um grande personagem, num belo teatro à italiana e concordo que ali, o espectador se comporte de acordo com o ritual, o que não o impede de gostar do que assiste.

Porém, não percebo, no povo brasileiro, uma identificação clara com esse teatro.

Falo de se expressar, identificar-se com uma forma e se mostrar através dela.

MÚSICA, DANÇA E PALAVRAS

Nossas matrizes Grega, Ameríndia e Africana, fundiram-se prazerosamente nas formas musicais, nas palavras e nas danças.

O povo brasileiro canta e dança sua música desde pequeno e, quando não é o artista, sabe se deve aplaudir ou vaiar.

Sabe quando deve cantar junto ou ouvir com respeito.

É um espectador crítico porque também joga aquele jogo.

A mesma coisa no futebol.

O torcedor reconhece a excelência de um jogador que, sem bola, desloca a defesa e a "pixotada" de uma jogada aparentemente brilhante, mas que permite à defesa adversária se organizar.

Ele sabe porque aplaude e porque vaia.

No teatro de corte europeu, o público deve ficar apagado na platéia e deve se comportar discretamente porque senão, "atrapalha" o artista.

É como se um jogador de futebol, ao entrar livre na área adversária, se atrapalhasse com o urro da sua torcida.

Neste lugar constrangedor, ninguém agüenta mais de noventa minutos.

Quando o jogo está ruim então, noventa minutos são uma tortura.

Mas, quando a festa é boa, a gente quer ficar até amanhecer o dia.

O TEATRO É RITUAL E FESTA

A festa era boa na Grécia, onde o teatro dramático foi inventado.

Lá, o espetáculo durava horas; era um concurso, como nas Escolas de Samba, e o público torcia pelos seus favoritos, como nos festivais de música.

O vencedor era um herói nacional, como numa copa do mundo.

No teatro de Dioniso em Atenas, o público se colocava a sul no anfiteatro e, no verão, o sol, a norte, batia na cara dele; além disso, uma grande estátua de Dioniso olhava para ele, no centro do semicírculo, atrapalhando a visão.

"A las cinco de la tarde", no auge do drama, com o sol no olho, o canto e a dança provocavam um delírio na platéia, como a passagem da bateria da Mangueira à sua frente, no Sambódromo.

A festa também era boa na Inglaterra no século XVI.

O teatro elisabetano se configurou a partir da praça medieval: o lugar arredondado, com chão de terra, onde mercadejavam os feirantes, virou platéia. Onde os saltimbancos montavam seus praticáveis, a porta da estalagem e seu balcão, virou o palco.

As casas em volta viraram o primeiro balcão, lugar da burguesia.

O segundo balcão, da nobreza, tinha uma passagem para o palco, através do balcão dos músicos.

Como tudo era permitido aos nobres, se um deles resolvesse tocar um instrumento, tocava.

Podia também se meter nas coxias e usufruir um mancebo da Companhia.

Enfim, era uma zona!

Neste lugar de festa, toda a sociedade estava representada e se espelhava no drama; era um ritual de participação e comunhão.

Como a festa levava horas, muitas surpresas podiam acontecer.

Uma leitura sem cortes do Hamlet dura por volta de seis horas.

Acrescente-se a ação dramática e mais quatro intervalos, dava uma maratona de umas oito horas.

A cada intervalo o pessoal enchia a cara.

Imagine o que acontecia se não estivessem gostando do espetáculo.

Naquela época os atores, muitas vezes, corriam perigo de vida.

Era neste caos que diziam suas falas e emocionavam seu público, conseguindo, por vezes, silêncio absoluto.

É assim o ator popular: ele sabe contar sua história no meio do Caos.

O maior autor teatral de todos os tempos foi fruto deste teatro.

Shakespeare não inventou o teatro elisabetano, mas foi inventado por ele.

O teatro é anterior ao poeta.

O poeta escrevia para aquele lugar, onde se reunia aquela comunidade, para contar as histórias que tinham a ver com aquela gente.

No Brasil, o poeta que escreve para aquele lugar e conta histórias de sua comunidade é o compositor de samba enredo.

No Rio de Janeiro, o povo se reúne para festejar, nas quadras de samba, nas quadras esportivas e nos clubes de baile.

As Escolas de Samba já criaram um grande teatro narrativo, não dramático, de extraordinária beleza e impacto.

Nas rodas de samba, mil histórias são contadas, com a participação coral de todos, o que me faz pensar que o nascimento da nossa tragédia está perto.

De qualquer modo, estou convencido que o teatro popular brasileiro só se dará na medida em que o corpo do povo estiver presente.

Não só na platéia, mas, principalmente, no palco.

O corpo do povo presente.

O corpo do ator popular presente como instrumento de pensamento.

O corpo que passa ao público, além do pensamento contido no texto, o pensamento anterior a ele, o pensamento arcaico da sua comunidade, sua tribo.

A dificuldade é que o Teatro é fruto da nossa herança hegemônica Grega e, muitas vezes, esta forma, que dá forma e informa o Teatro, vira uma fôrma, uma camisa de força inibidora da expressão livre dos pensamentos corporais das heranças Ameríndia e Africana.

Nosso trabalho no Centro Experimental Teatro Escola é descobrir o espaço e os agentes do possível teatro popular brasileiro ou, pelo menos, carioca, e encontrar uma forma de organização que possibilite, sem perder as excelências da herança hegemônica, desinibir as expressões mais espontâneas das outras heranças brasileiras, ou seja, dentro da forma teatral, dar liberdade de expressão ao pensamento corporal de um povo miscigenado.

A primeira coisa a fazer é libertar o ator, artista criador de uma arte específica, das subjetividades que o oprimem, a saber, a do autor, do diretor, do cenógrafo, do figurinista et caterva.

Na minha opinião, é a subjetividade do ator em contato com seus estímulos, o texto, por exemplo, que deve orientar as outras subjetividades na construção de um espetáculo.

Não quero dizer que a maneira tradicional não produza belas obras.

O que quero dizer é que buscamos as manifestações mais espontâneas do pensamento corporal popular, dentro de uma sociedade ainda prenhe das fórmulas coloniais, que nos impõe a supremacia de uma das nossas heranças sobre as outras.

Portanto é fundamental provocar o afloramento destas outras manifestações do nosso corpo-mente mestiço.

Para isso, é preciso evitar, como o diabo a cruz, qualquer tipo de autoritarismo.

Mas, que maneira permitirá o afloramento do pensamento corporal popular?

Não é um pensamento que se manifesta no raciocínio lógico.

Manifesta-se no poético, no emocional, no cultural profundo, enraizado na experiência coletiva do Eu tribal.

Numa época de inevitável globalização, com um bombardeio constante das formas dominantes da nossa herança grega, é preciso encontrar as maneiras pelas quais nossas heranças Africana e Ameríndia possam se manifestar.

GREGOS E TROIANOS

Por incrível que pareça, os próprios gregos vão nos ajudar nesta empreitada.

Antes, uma pequena advertência.

Agora que vou falar de gregos e troianos, corro o risco de me levarem a sério por um lado, ou de me pedirem comprovações históricas ou bibliográficas pelo outro. Quero, portanto, reafirmar o que já disse: trata-se de um exercício de fantasia.

Sou um apaixonado pela história e pela cultura gregas, mas, ao contar esta história, não consigo distinguir o que li do que imaginei.

Irresponsavelmente, gosto desta ambigüidade e proponho este jogo.

Sou fã da *Ilíada*.

Não falo grego, mas, por traduções, tenho um prazer enorme quando leio.

O enredo, à primeira vista, caberia num desses filmes italianos do tipo, *Hércules e Sansão contra Ulisses*, enfim, é uma porrada só, com poucos rounds de intervalo.

Aquiles Schwarzenegger contra Heitor Stalone.

No entanto, é um dos textos fundadores da poesia ocidental e lá estão, descritos num belíssimo texto/canção, os deuses e os heróis de um povo nômade, que se estabeleceu numa terra linda, pouco arável e se transformou num povo de guerreiros, comerciantes e marinheiros, para não dizer, de piratas.

Uma saga da guerra, descrita com crueza, com imagens repetidas, chaves mnemônicas da tradição oral, um imenso e magnífico cordel, que os cantadores, *aedos* e *rapsodos*, cantavam na praça da *Pólis*.

Histórias comoventes, como o diálogo de Heitor e Andrômaca, ou descrições sangrentas como:

... "a lança atira-lhe. E Atenas dirige-a ao nariz, junto aos olhos. Ela quebra os brancos dentes: o bronze implacável decepa a base da língua e a ponta aparece, novamente, abaixo do queixo. Ele tomba do carro e, suas armas resplandecentes e brilhantes ressoam sobre ele. Seus cavalos, assustados, saltam de lado. Ele fica ali mesmo, sua coragem e sua vida o abandonam".[5]

É a honra, o orgulho, a virtude guerreira, a nobreza, a inteligência, que o povo grego chamava de *Aretè*, encarnada nos seus heróis, duros e cruéis, mas, *sin perder la ternura*, profundamente humanos na grandeza e na fraqueza.

Heróis de inspirada retórica como Pátroclo, agonizante, respondendo a Heitor, que o ferira de morte:

"Heitor, ainda é cedo para jactar-te. Quem te deu a vitória? O crônida Zeus e Apolo, que me dominaram facilmente, tirando-me as armas dos ombros. Tivesse eu encarado vinte homens como tu e todos teriam morrido, domados pela minha lança. Foram a Moira funesta e o filho de Leto que me abateram e, dos homens, Euforbo; és apenas o terceiro a espoliar-me, mas tenho ainda alguma coisa a dizer-te, guarde-a bem na tua mente. Tu não viverás, também, por muito tempo. De ti já se aproxima o Destino implacável e a Morte. Pelas mãos de Aquiles, o impecável Eácida, terás que morrer.

---

[5] *Ilíada* canto, V, texte établi et traduit par Paul Mazon, Les Belles Lettres.

Dito isto, a morte que tudo acaba, deixa seus membros. Ele vai embora, voando para o Hades chorando, sem sua mocidade e vigor, que perdera".[6]

Durante toda a sua história, os gregos cultuaram esta *Aretè*, aliada à capacidade retórica, a ponto de o povo de Atenas, a *"Hélade da Hélade"*, no fim do século V a. C, perdoar duas vezes as traições de Alcebíades, por estas qualidades e o inspirado discurso.

Há quinhentos anos, no Brasil, o grande guerreiro Tupinambá Aimberé, conseguiu juntar tribos adversárias na famosa Confederação dos Tamoios contra os portugueses, exatamente por seus dotes de retórica.

O imenso Cunhambebe, que foi por ele conclamado à liderança, era famoso pela sua voz tonitruante e suas inúmeras tatuagens, uma para cada inimigo morto em combate e seus 150 nomes, um para cada inimigo sacrificado ritualmente pela sua borduna.

Acho os tupinambás muito parecidos com os gregos, principalmente se sabemos que, sete séculos depois da guerra de Tróia, no século V a.C., o século de ouro da civilização grega, a mais brilhante de todas, Temístocles, comandante em chefe das tropas gregas contra os persas, quer dizer, o Agamenon do momento, antes da batalha de Salamina, degolou, com suas próprias mãos, três sobrinhos do Rei dos Reis, ricamente vestidos e os ofereceu a Dioniso-comedor-de-carne-crua.

Pelo Dioniso em questão, dá para imaginar o que fizeram com os rapazes.

No entanto, assim como no sacrifício do guerreiro inimigo na aldeia Tupinambá, isto não significava uma represália, mas uma consagração.

Neste aspecto, estamos mais próximos da herança grega manifestada na poesia épica e trágica, que qualquer erudito francês, inglês ou alemão, que são considerados os "cobras" no assunto.

Eu me amarro neste aspecto da cultura grega; prefiro os pré-socráticos aos socráticos e, dos pós-socráticos, fico com Epicuro, mestre do pensar com afeto.

---

[6] *Ilíada*, canto XVI, texte établi et traduit par Paul Mazon, Les Belles Lettres.

Os primeiros filósofos escreviam poemas e saíam por aí cantando e dançando sua filosofia sobre os Deuses, o Ser e a Natureza nas praças das Polis.

Como não tinham papas na língua, muitas vezes eram chamados de loucos varridos, vaiados e até apedrejados.

Gosto desses malucos e, de todos, meu preferido é Empédocles (século V a.C.).

Devo abrir um parêntesis para dizer que não estou propondo um teatro de oligofrênicos, com atores se contorcendo e tartamudeando grunhidos, nada disso.

Para mim, a palavra é o principal veículo do pensamento que, mesmo lógico e abstrato, em nós, atores, vem encarnado, emocionado, cheio de concretude poética.

CIÊNCIA & TECNOLOGIA

Sou um profundo admirador dos grandes matemáticos e de seu engenho prático.

Sou fã de Arquimedes, seguidor do platônico Euclides, que, além do princípio físico que leva seu nome, inventou uma espécie de raio laser a partir de espelhos côncavos, que destruiu a frota inimiga.

Morreu assassinado por um soldado romano, ao reclamar que sua sombra atrapalhava o cálculo que fazia no chão de terra.

Rendo homenagem a Héron de Alexandria que, como Arquimedes, era apaixonado por máquinas.

Chegou a inventar uma máquina a vapor que funcionava (Figura 1).

Embora fosse simples, tendo em vista a nanotecnologia e a possibilidade do computador quântico, para a época era tão avançada, que nem se pensou em dar-lhe uma função prática, a não ser a de mover bonecos articulados num tabuleiro, para agradar o rei.

Foi da herança desses formidáveis matemáticos-engenheiros que se fez a Revolução Industrial e Tecnológica no seio da qual, vivemos.

Hoje a ciência não tem mais as certezas positivistas do século XIX.

Figura 1

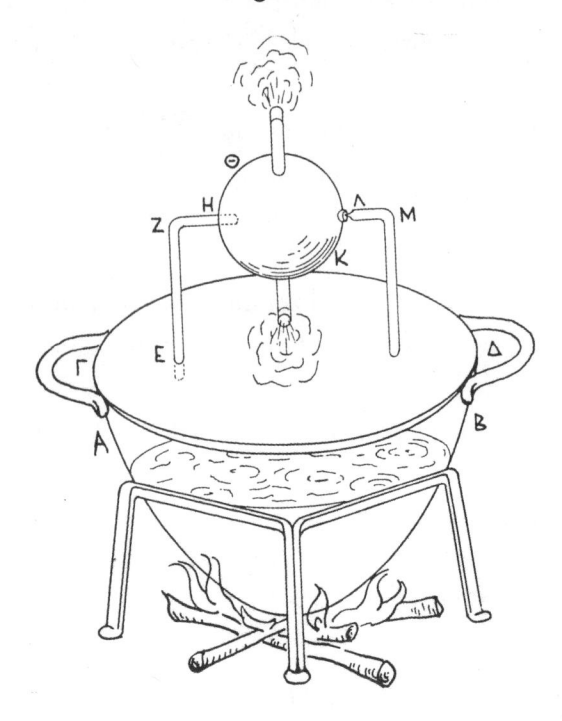

O esquema consta do terceiro volume de *Civilization Grecque* de André Bonnard, seguido deste texto delicioso. (A.P.)

"Peguemos o texto grego que descreve esta máquina nas "Pneumática" de Héron. Vamos traduzi-lo exatamente.
 Em cima de uma panela de água quente, uma esfera se move sobre um eixo. (Este é o título.)
 Seja AB, uma caldeira com água, colocada no fogo. Ela é fechada com uma tampa, GAMA-DELTA, atravessada por um tubo curvo EZH, cuja extremidade (em H) penetra na pequena esfera oca OMEGA-KAPA. Na outra extremidade do diâmetro (H-LAMBDA), está fixado o pivô LAMDA_M, que se apóia na tampa GAMA-DELTA.
 Junta-se à esfera, nas extremidades de um diâmetro, dois pequenos tubos curvados em ângulo reto e localizados na perpendicular da linha H-LAMBDA.
 Quando a caldeira esquentar, o vapor passará pelo tubo EZH dentro da pequena esfera e, saindo pelos tubos curvos na atmosfera, fará com que ela gire em volta de si."

(Bonnard, André, *D'Euripide a Alexandrie*, Editions Complexe, 1991, Lausanne.)

A versão do átomo como um pequeno sistema solar, com o núcleo no centro e os elétrons em volta, dá lugar à visão quântica, com elétrons ondulando na periferia do núcleo.

Na ciência pura, a visão do universo está cada vez menos precisa, mais poética e fico pensando se um dia desses os cientistas não vão começar a cantar e dançar suas teorias para nós.

Quero deixar claro, mais uma vez, que não estou tentando teorizar sobre as formas de conhecimento científico.

Apenas uso minha imaginação e fantasio sobre a arte do ator que, na minha fantasia, é instrumento e veículo de outro pensamento, complementar a este, que fala para a totalidade dos fragmentos simultâneos da vivência humana e não só para a sua racionalidade.

Um pensamento que se expressa ao vivo, muito próximo do fluir agônico da própria vida, aos trancos e barrancos, em sístoles e diástoles, criativamente, em constante revolução e transformação.

Como a vida, um pensamento que flui em contradições, simultaneidades e ambigüidades; impreciso e não hierárquico, sem organização lógica e formal, mas que se organiza no próprio corpo que o transmite ao corpo coletivo da tribo.

Sua profundidade é que o libera do círculo de sua aldeia de origem e o torna compreensível ao corpo geral da humanidade.

Por isso me interesso por Empédocles.

Empédocles era uma figuraça.

De família aristocrática, era filho de um dos "fundadores" da democracia em Agrigento, na Sicília.

Ele mesmo se envolveu nas lutas políticas da sua cidade e foi um "Campeão da Liberdade", a ponto de continuar na memória dos sicilianos que, em 1870, ainda o cultuavam, junto a Garibaldi.

Usava roupas espalhafatosas, cabelos longos e encaracolados como seus ancestrais, os "Aqueus de longos cabelos".

Recusou a coroa real em respeito à igualdade democrática e talvez tenha sido vitorioso numa corrida de carros nos Jogos Olímpicos (466-465 a.C?).

Ou seja, para seus conterrâneos era uma espécie de Pelé que também era poeta, engenheiro e médico eminente. Era um pouco curandeiro também e saía pela Sicília cantando sua filosofia e fazendo milagres, mas parece que usava estes recursos para dar credibilidade aos seus conhecimentos médicos.

Foi exilado por motivos políticos e morreu no exílio.

Dizem que para provar que era um deus, atirou-se na cratera do Etna.

Era uma figura excêntrica, um tanto indigesta para o posterior racionalismo, porque tinha uma visão menos geométrica e mais médico-biológica do universo.

Seu poema *Da Natureza* (*Peri Physeos*), começa com uma mensagem a Pausânias, um jovem amigo e colega na medicina.

Lá ele propõe um universo com quatro raízes: Terra, Água, Fogo e Ar.

Diz o poema: "como de Água, de Éter, de Sol e de Terra, bem misturadas, as cores se engendram".[7]

Gosto mais da designação botânica de Raízes, do que da abstrata de Elementos.

Das infinitas misturas dessas Raízes o universo é formado e as forças que as juntam ou dispersam chamam-se *Philia* e *Neikos*, amor e ódio, amizade e discórdia, atração e repulsão.

Empédocles tem uma visão biológica do universo, como se *Physis*, a Natureza, fosse um grande bicho respirando em eterno movimento de dentro para fora e de fora para dentro. Um universo vivo.

Para quem trabalha numa arte viva, tudo que se aproxima da vida deve atrair nossa atenção. As formas hierarquizadas e piramidais de organização me parecem antagônicas a estas formas vivas de organização: milhões de seres que se juntam e separam, compondo novos seres que se decompõem, formando outros seres, e por aí vai.

---

[7] Garcia Bacca, Juan David, *Los Pre-socráticos*, Fondo de Cultura Económica – México.

A gente tem a mania de verticalizar esta realidade horizontal e se colocar, orgulhosamente, no topo do processo, mas hoje já se sabe que o DNA de um verme difere muito pouco do nosso.

Empédocles intuiu um mundo vivo, em movimento dentro de um vórtice, que se comprime por força de *Philia* e se expande por força de *Neikos*:

> Com água conhecemos a Água
> Com éter conhecemos o divino Éter
> Com fogo conhecemos o Fogo devorante
> Com amor conhecemos o Amor
> Com discórdia conhecemos a Discórdia funesta
> Porque destas coisas bem harmonizadas
> Todos se compuseram
> E pelas virtudes delas
> Todas, irmanadas, conhecem, padecem e gozam.[8]

Esta visão carnal do mundo, esta organização afetiva do universo, me parecem muito mais próximas do processo de criação da minha arte, concreta na sua carnalidade, do que as fórmulas mecânicas, que se revelam abstrações distanciadas da minha presença corporal no ato da criação.

Nossa sociedade e, por conseqüência, nossa produção teatral, tem se organizado de maneira geométrica e piramidal.

Muita coisa boa e bonita foi feita nessa organização, mas, para quem pretende abrir espaço para a manifestação das heranças-raízes culturais que, por sua oralidade e carnalidade se expressam fora desses padrões, o Vórtice de Empédocles me parece mais adequado.

Um turbilhão que se expande a partir de uma força que pluraliza e se concentra a partir de uma força que unifica.

O engraçado é que *Neikos*, o ódio, seja a força democrática, a que pluraliza e *Philia*, o amor, é a que unifica, ou seja, corta as diferenças.

Acho que a criação artística é assim: uma força de expansão, acrítica, que deixa entrar na roda, sem discriminação, o que está em volta, e uma força de retração, crítica, que procura a unidade no Caos.

---

[8] Garcia Bacca, Juan David, *Los Pre-socráticos*, Fondo de Cultura Económica – México.

4. Práxis

A PRÁXIS é o conjunto de ações concretas que visam um objetivo comum.

A do CETE é encontrar caminhos para o surgimento de uma verdadeira dramaturgia popular brasileira, ou seja, o teatro feito com e pelo povo brasileiro.

Marx já alertava, não sei em que livro, que a Práxis era o antídoto para a tendência mistificadora do pensamento teórico e, mesmo assim, na militância política, vimo-nos ignorando as realidades do corpo social em que mergulhávamos em nome de resoluções decididas *a priori* pelas lideranças.

O resultado está aí para todo mundo ver.

APRENDENDO A NADAR

No teatro, o grupo optou por um mergulho coletivo no vórtice da criação artística, procurando uma organização que surgisse do movimento concreto do grupo, dando espaço ao acaso e incorporando os erros, porque, muitas vezes, o que parece errado *a priori* se revela certo no movimento.

Sabíamos ser impossível aprender a nadar sem cair n'água e cair n'água em teatro é entrar em cena.

É lá, em cena, com o ator em relação com seu espectador-ouvinte, que se dá o fenômeno teatral; portanto, para atingir nosso objetivo comum, construir um espetáculo, é preciso estar dentro dele, em cena, entrar no banho teatral e tirar daí as ações necessárias a esta construção.

De abril de 1993 a dezembro de 1996 fomos o TUERJ, o Teatro da Universidade do Estado do Rio de Janeiro (Figura 2), sediados na obra inacabada do Teatro Odilo Costa, filho – no Campus do Maracanã.

Figura 2

Companhia Theatral tem folga na direção onde tudo começou. (1985)

Macbeth, o herói-vilão (1994) TUERJ

Nosferatu, Teatro nas Concha (1995) TUERJ

A saga da farinha
(1993) TUERJ

Ilustração do TUERJ (A saga da farinha) 1993

Ilustração do TUERJ (A saga da farinha) 1993

Profissionais do TUERJ

Alex Nunes
Alice Borges
Amir Haddad
Antonio Pedro
Anselmo Vasconcellos
Andrea Dantas
Aurélio de Simoni
Betina Viany
Breno Moroni
Caique Botkay
Claudia Borioni
Edward Monteiro
Gilberto Loureiro
Gabriel Moura
Gilray Coutinho
José Paulo Pessoa
Lafayete Galvão
Luca de Castro
Paulo Moura
Ricardo Petraglia
Rozi Andrade
Scarlet Moon
Tessy Callado
Walter Marins
Wanderley Gomes

Dezessete espetáculos depois e com o teatro inaugurado, saímos de lá com uma mão na frente e outra atrás, mas já com algum método nas nossas ações concretas em busca de uma dramaturgia popular brasileira.

Em primeiro lugar, que não se trata de pensar ou ser, mas de fazer.

É aí que a Práxis se insere, entre o pensar e o ser.

Trabalhamos este fazer com liberdade e criatividade, vindo a disciplina a posteriori, pelo entendimento das necessidades do objetivo comum – o espetáculo.

PIRÂMIDE OU MANDALA

Para se contrapor a uma organização piramidal, a direção foi pulverizada em alas.

Como nas Escolas de Samba, cada ala produzia sua cena para se juntar na escaleta do espetáculo proposto.

O texto final se completava junto com o espetáculo produzido.

Desta maneira, já como TUERJ, fizemos dois grandes espetáculos musicais: *A saga da farinha*, com roteiro original e *O rei de copas* com roteiro adaptado do filme de Phillipe de Broca, *Le roi de coeur*.

Em que pese o fato de os ensaios serem sempre abertos e a rapidez do processo, estes espetáculos só eram apresentados depois de completos.

Saímos com o desafio de superar este aspecto.

Na UERJ também desenvolvemos nosso método de treinamento do ator popular, aquele que conta a história no meio do Caos: o Teatro Descartável (Anexo 1) fruto da experiência do Teatro de Terror que fizemos em Copacabana em 1992.

Em 1995, na concha acústica da UERJ, produzimos nove desses espetáculos em oito meses. Com o sugestivo título de *Teatro nas Concha*, encenamos textos de vinte minutos mais ou menos, não literários, em geral paródias de filmes de terror classe B, que eram ensaiados em, no máximo, cinco dias e jogados ao público que era incitado a reagir, vaiar, etc.

Os atores obviamente inseguros no texto e na marcação tinham que se virar para contar a história até o fim. O espetáculo vinha com tudo que se tem direito: cenário de papelão pintado, figurino do nosso acervo, luz, som, fumaça, etc.

Eram muito divertidos e alguns erros e acasos eram incorporados pelo seu efeito hilariante. Deste período tiramos algumas conclusões (sempre em aberto):

Primeiro, que nossa organização de grupo não podia ser descrita num organograma piramidal, mas se assemelhava mais a uma mandala, como definiu Walter Marins.

Segundo, que a passagem de conhecimento é mais eficaz quando "aquele que sabe" e "aquele que não sabe" estão juntos, no banho da criação, que é sempre um salto no escuro.

Na sala de aula o professor seleciona o saber que vai passar ao aluno. É, de certa maneira, um ato frio.

No ato criativo, "o que sabe" está colocando todas as energias no processo tanto quanto "o que não sabe" e ambos na ignorância comum do que está por vir, o que os coloca democraticamente no mesmo nível: colegas de um trabalho comum.

Por isso não somos uma escola de teatro, mas um teatro-escola.

Em terceiro lugar, descobrimos duas regrinhas simples para evitar os delírios do psicologismo e as mistificações do pensamento teórico:

1) – Quando alguém perguntava o que devia fazer, a resposta era clara: "Vai lá e faz!" E como ninguém aprende a nadar sem cair na piscina, o melhor é cair n'água o quanto antes. Além disso, o "Vai lá e faz" é um ótimo antídoto para as desculpas e racionalizações que alguns atores fazem (quanto mais inteligentes e informados pior) para não se entregar e se envolver no processo.

2) – Inspirados em dois "filósofos" do futebol de praia e de campo, Neném Prancha ou Gentil Cardoso (ninguém sabe qual dos dois proferiu a famosa instrução), baixamos a seguinte regra: "Quem pede tem preferência e quem se desloca recebe", ou seja, se alguém, a partir dos estímulos do trabalho, pede para fazer alguma coisa no espetáculo, a vaga está aberta.

Mas, se no dia seguinte um outro chegar com o texto em cima, ou com a dança nos pés, ele entra em cena.

Esta prática vem se mostrando extremamente proveitosa e eficiente para o entendimento corporal do que se está fazendo.

Muitas vezes fazemos a primeira leitura de mesa depois do espetáculo de pé.

Nossa saída da UERJ foi um tanto traumática por interromper um processo em pleno vigor com a montagem de "Macbeth" e também pelo fato de que durante quatro anos trabalhamos protegidos por uma grande instituição. Vinte e dois profissionais contratados, com lugar para executar suas experiências, fosse no Teatro Odilo Costa, filho, ou na concha acústica e dinheiro para suas produções.

DO TUERJ AO CETE

Em 1999, fundamos o CETE e, com o patrocínio da Secretarias Estaduais de Educação e depois de Cultura passamos 15 meses trabalhando no grande espaço da Fundição Progresso, ainda no esqueleto e sem cobertura, construindo um espetáculo sobre os quinhentos anos do Brasil: *O Incrível Encontro* (Extras do DVD)

Resolvemos juntar a experiência do Teatro Descartável, ou seja, apresentar-se ao público com poucos ensaios, durante a construção do espetáculo que pretendia contar os cinco séculos da história brasileira do ponto de vista do colonizado.

O INCRÍVEL ENCONTRO

A primeira parte, toda visual e musical, "falava" (sem texto) sobre a vida dos primeiros habitantes de nossa terra.

Contava a história de um guerreiro que provava seu valor matando uma grande cobra e uma onça pintada, era feito prisioneiro de uma tribo inimiga e sacrificado num ritual antropofágico.

A cena terminava com um samba de enredo do Gabriel Moura, que interpretava o herói e no fim do samba era sacrificado.

Ensaiávamos apenas às segundas, terças e quartas-feiras e o décimo segundo ensaio foi uma apresentação pública, com tudo em cima: Luz, som, fumaça, um grande telão de plástico e jornal colado que representava um noite enluarada e plantas que conseguimos na Fundação Parques e Jardins da Prefeitura.

Os figurinos (os corpos pintados dos atores) e os adereços de material reciclado contribuíam para carnavalização do final.

O espetáculo, uma única cena, com princípio, meio e fim, durava dez minutos.

Na noite da apresentação, quarta-feira, 22 de agosto de 1999, fomos agraciados com uma imensa lua cheia e foram dez minutos absolutamente mágicos.

Em cena, 48 profissionais e não profissionais, desde moradores de rua, até a classe média da zona sul.

Decidimos então que apresentaríamos o trabalho em todas as quartas-feiras da semana da lua cheia, já que o acaso nos brindou com a possibilidade de regularidade nas nossas apresentações públicas.

Neste processo, as cenas já apresentadas iam se aperfeiçoando, mas sempre havia uma cena quase sem ensaio, às vezes apenas combinada de boca.

Assim, durante 12 quartas-feiras da lua cheia, construímos, junto com o público que, em parte ia aderindo ao espetáculo, nossa história de Incríveis Encontros:

Sec. XVI – "O Incrível Encontro dos Nobres Tupinambás com os Bárbaros Europeus" – o ciclo do pau-brasil.
Sec. XVII – "O Incrível Encontro dos Selvagens Mamelucos com os Príncipes Africanos" – o ciclo da cana.
Sec.XVIII – "O Incrível Encontro do Ouro Brasileiro com as Idéias Francesas" – o ciclo do ouro.
Sec. XIX – "O Incrível Encontro da Família Real Portuguesa com a Plebe Rude Brasileira' – o ciclo do café.
Sec. XX – "O Incrível Desencontro do Brasil com seus 500 Anos" – o ciclo da grana.

Com a adesão do público chegamos a ter 119 pessoas em cena.

Mesmo com 12 ensaios, era permitido que um novato qualquer pudesse entrar no espetáculo até na segunda-feira da semana da apresentação.

A terça era reservada para um ensaio geral do dia seguinte.

O espetáculo durava duas horas, era todo cantado e dançado, numa forma em que o narrativo e o dramático se misturavam.

Contávamos a história do Brasil do ponto de vista do colonizado:

Século XVI – "O Incrível Encontro dos Nobres Tupinambás com os Bárbaros Europeus" – O ciclo do Pau-Brasil.

O espetáculo começava com o Apresentador que exortava o público a se manifestar livremente, falar, gritar, inclusive deixar os celulares ligados, pois o ritual "respeitador" do teatro burguês não nos interessava e introduzia a platéia à primeira cena, já descrita: os Índios, antes de Cabral, em um ritual antropofágico.

Depois vinham as outras cenas de séc. XVI: ao som do Zaratustra de Strauss, a chegada das naus portuguesas e, com a narração da carta de Pero Vaz de Caminha, os primeiros encontros e trocas, as comerciais e as sexuais.

Em seguida, numa grande procissão, entra a ideologia e a força dos conquistadores, sujeitando os índios na moenda dos engenhos, uma roda perversa (a máquina de moer gente, como dizia Darcy Ribeiro).

Retratamos depois a revolta dos indígenas na Confederação dos Tamoios com a queima dos engenhos.

Aí, uma pausa, a França Antártica e, finalmente, o Massacre dos Tupinambás.

No final de cada século, o refrão:

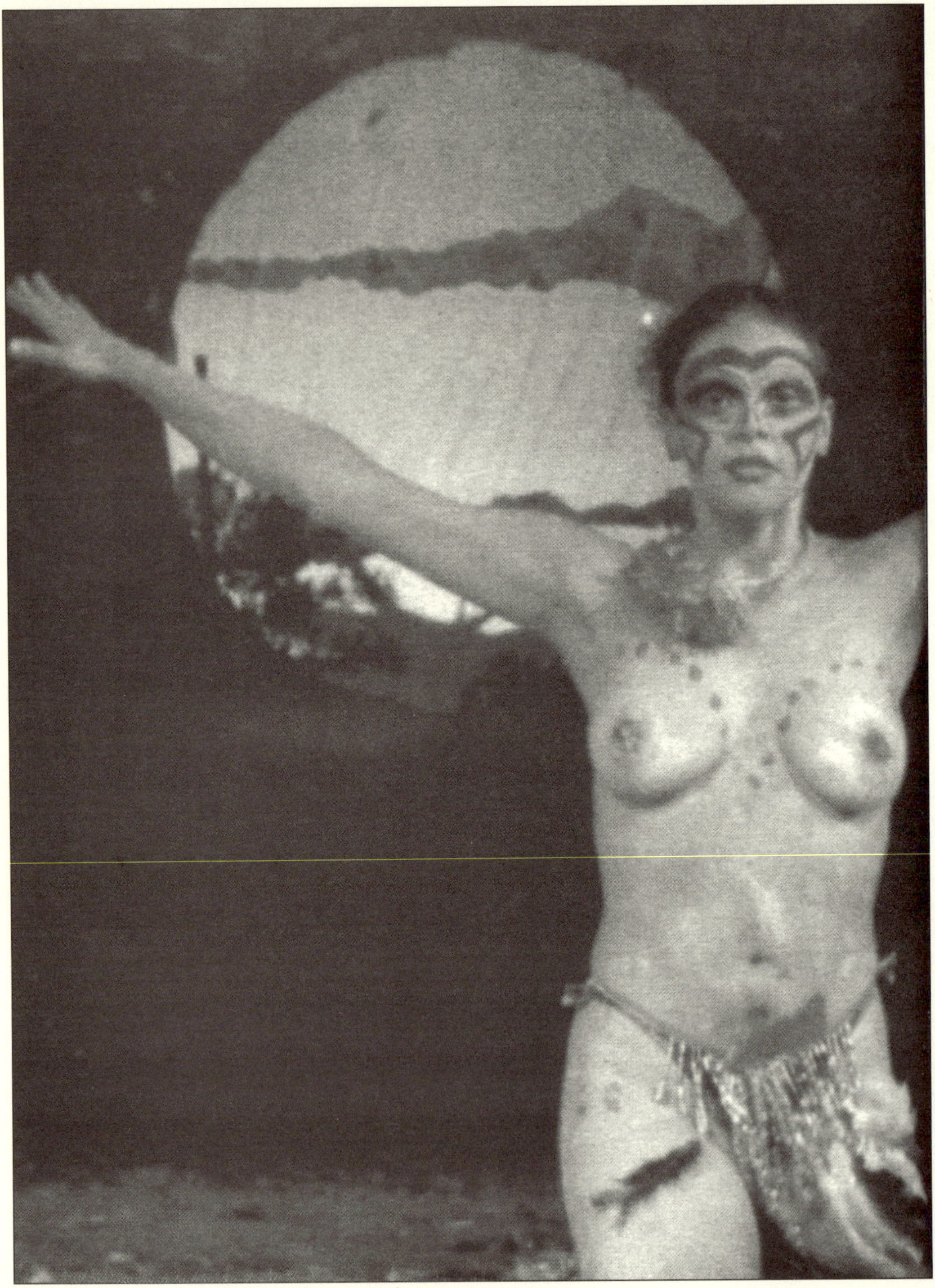

O pau comeu, o pau comeu
Na sua história e você não percebeu
O pau comeu, está comendo
Na sua cara e você não está vendo

Século XVII – "O Incrível Encontro dos Selvagens Mamelucos com os Príncipes Africanos" – O ciclo da cana.

O nascimento dos Mamelucos Bandeirantes:

O Mameluco, filho do branco com o índio,
Que maluco
Escravizava o próprio índio, seu irmão

Esta música começava com o nascimento dos mamelucos:

Dois grandes bonecos, o Português e a Índia vinham à frente de dois blocos de maracatu que se acasalavam e deles nasciam dois terríveis bebês mamelucos.

A música se transformava em marcha que encenava o movimento das Bandeiras e terminava com os índios morrendo na "Roda do Engenho".

Na chegada dos negros, uma belíssima música de Gabriel Moura em cima de uma montagem que fiz de 'Vozes d' África' e 'O navio negreiro', de Castro Alves.

Ao final da música, os negros substituíam os índios na "Roda".

Em seguida a uma passagem picaresca pela Casa Grande e pela Senzala, vinha a revolta dos negros, a fundação do Quilombo dos Palmares, o reino de Zumbi, seu massacre por Domingos Jorge Velho, e, ao final, o mesmo refrão:

> O pau comeu, o pau comeu
> Na sua história e você não percebeu
> O pau comeu, está comendo
> Na sua cara e você não está vendo

Século XVIII – "O Incrível Encontro do Ouro Brasileiro com as Idéias Francesas" – O ciclo do ouro.

No século XVIII, a "Roda" está no interior das minas de ouro.

Desta vez, o negro procura a liberdade através da astúcia e da sensualidade, Chico Rei dança com Chica da Silva e, na sociedade barroca, os intelectuais da classe dos senhores adotam as idéias libertárias do iluminismo francês:

> Aleijadinho e Jean-Jacques Rousseau
> Chica da Silva
> Com Voltaire e Mirabeau
> E assim o país prosperou

No final deste século, D. Maria I canta um blues com o texto da condenação de Tiradentes e o alferes é enforcado.

A esta altura o refrão de o *Pau comeu* era cantado também pelo público.

Século XIX – "O Incrível Encontro da Família Real Portuguesa com a Plebe Rude Brasileira' – O ciclo do café.

Na abertura, uma festa de São João contava a chegada da família real:

Mas a chegada da corte, não chegou lá na ralé

O negro saiu das minas, pra lavoura de café

Passávamos pelas aventuras de D. Pedro I e o advento de D. Pedro II num samba de breque, mas o negro continuava, na lavoura de café, a nova "Roda".

Um hip-hop com uma street dance anuncia a Abolição e a República é proclamada numa cena de Teatro de Revista.

Depois do "oba!" ouve-se o grito "o sertão vai virar mar" e Antônio Conselheiro com seus beatos e jagunços ergue seu templo em Canudos.

De novo, um massacre fecha o século.

Século XX – "O Incrível Desencontro do Brasil com seus 500 Anos" – O ciclo da grana.

No século XX, a "Roda" se transforma na ciranda financeira.

Um índio tira seus paramentos, enrola-se num cobertor e se deita no banco de uma rodoviária; no final da cena ele será queimado, como o índio Galdino.

Nessa altura, o refrão final era cantado com o público aos berros.

O QUE VALEU?

Dessa experiência, ficou clara para todos a eficácia do método de construir um espetáculo apresentando-o sempre durante o processo, pois o "estar em cena" era um extraordinário aglutinador das partes criadas coletivamente, além de trazer para o trabalho as contribuições do público, nosso co-participante na criação.

Ficou-nos também a certeza de que qualquer pensamento sobre o trabalho deveria sair da realização concreta dele.

A idéia do "Vórtice de Empédocles", por exemplo, se configurou ali.

Depois da idéia imprecisa da mandala, uma idéia mais

aprofundada de como se organizar para o trabalho se apresentou a nós:

A partir de um estímulo – música, poema, improvisação, estabelece-se a Gira. Como na Umbanda, o lugar onde os Médiuns experientes passam aos Médiuns novatos os rituais e maneiras de lidar com seus Guias e Caboclos, em nossa Gira os atores experientes passam, no fazer, sua experiência aos novatos. A Gira se expande acriticamente, com gente entrando e saindo.

(Durante todo o processo muita gente entrou e saiu, mas, como todo mundo participava de tudo, a substituição era imediata, às vezes feita na hora do espetáculo: "Fulano não veio, então Cicrano faz a parte dele").

A Gira girando em expansão, *Neikos* a pleno vapor, pluralizando, recebendo as diferenças sem hierarquizá-las e *Philotes* ali, subjacente, na consciência de que aquele Caos terá que se apresentar ao público na quarta-feira da Lua Cheia.

Chega a noite da apresentação.

Todo o elenco e técnicos se juntam numa solidariedade inevitável, pois o time tem que jogar junto, não perder nenhuma jogada ensaiada e estar atento às jogadas improvisadas que podem resultar em gol.

Agora é *Philia* com toda a sua força.

Nas próximas semanas *Neikos* vai presidir o trabalho, mas o coletivo estará mais consciente da unidade a ser reconquistada na próxima quarta-feira da lua cheia. Ficamos na Fundição até outubro de 2000. (Extra no DVD) e ANEXO 2 (Ficha técnica de *O Incrível Encontro*)

FICHA TÉCNICA *O INCRÍVEL ENCONTRO* FUNDIÇÃO PROGRESSO

Arcos da Lapa
Dramartugia: Antonio Pedro, Anselmo Vasconcelos,
Gilberto Loureiro e Lafayette Galvão
Mise-en-scène: Anselmo Vasconcelos
Ensaiadores: Andréa Dantas, Anselmo Vasconcelos, Antonio Pedro,
Claudia Borioni, Gilberto Loureiro e Luca de Castro
Monitores: Andréa Bordadagua, Cacá Monteiro, Evandro Machado,
Janaína Carvalho,
Marcelo Dias, Márcio André, Simone Debet, Simone Pessanha
Produção Executiva: Julio Calasso
Músicas e vocal: Gabriel Moura
Ala dos compositores: Antonio Pedro, Gilberto Loureiro,
Anselmo Vasconcellos, Lafayette Galvão, Jovi Joviniano,
Valmir Ribeiro e Castro Alves
Mestre de Bateria: Valmir Ribeiro
Produção do CD: Aurélio Dias
Sonoplastia: Gilberto Loureiro
Cenários, figurinos e adereços (Equipe "Barracão")
Sécs. XVI e XVII: Cláudio Tovar e Bayard Tonelli
Sécs. XVIII, XIX e XX: Lafayette Galvão e Michauaka Morubixaba
Iluminação: Jorginho de Carvalho
Assistentes de iluminação: Jorjão, Beto de Christo e Mario Jorge Kugler
Operação: Marcos Freire
Direção de cena: Wanderley Gomes
Montagem: Iran Moço
Auxiliares de montagem: Henrique Raimundo Pinheiro e Russo
Coordenação: Antonio Pedro

SEGUNDA PARTE

ELECTRA NA MANGUEIRA

Electra na Mangueira

Em 2002, com o patrocínio da Petroquisa BR, construímos na quadra da Escola de Samba Estação Primeira de Mangueira, o espetáculo da *Electra* de Sófocles.

Ficamos lá de abril a novembro e terminamos com chave de ouro no Theatro Municipal, em uma memorável noite de 3 de dezembro.

É essa aventura que passo a relatar, com detalhes, a partir de agora.

A idéia de fazer *Electra* de Sófocles me veio alguns anos atrás, para concorrer a um edital público.

Pedi para João Ubaldo Ribeiro fazer a tradução da versão em inglês e, dias depois, ele me telefona: "Antonio Pedro, esta mulher fala pra caraaalho!"

Disse-lhe que cortasse o que achasse necessário, a popular "poda sem perder a poesia"; o resultado foi um texto claro e límpido, podado das excessivas citações histórico-religiosas, mantendo a onipresença de Apolo, o Deus Titular da tragédia.

Uma tradução em prosa, onde frases inteiras desse texto cristalino se mantiveram nos versos finais do nosso libreto, anos depois.

Mas, naquela época não ganhamos o concurso e o texto ficou anos na gaveta.

Depois do *Incrível Encontro*, com uma idéia mais aprofundada do que fazer com *Electra* e de posse de uma autorização da Mangueira para usar a sua quadra, entramos com o projeto na Petrobras.

O dinheiro acabou saindo pelo setor social da Petroquisa, já que também éramos formadores de mão de obra em artes cênicas.

Estávamos encenando *Se correr o bicho pega, se ficar o bicho come* de Oduvaldo Vianna Filho e Ferreira Gullar, quando chegou a auspiciosa notícia.

O dinheiro estava em caixa, agora era só fazer.

1 - As reuniões no "Casa Grande"

Em abril de 2002, fizemos nossa primeira reunião no barracão em ruínas em que tinha se transformado o Teatro Casa Grande.

Antes desta primeira reunião eu tinha tido a idéia de fazer um prólogo como chamariz para o público, pois só íamos entrar na quadra no final de abril e a primeira quarta-feira da lua cheia era no dia 29 de maio.

Nós tínhamos quatro semanas para apresentar um espetáculo ao público de Mangueira, aliás, 11 ensaios!

Nossa turma estava treinada para enfrentar a situação, mas e o pessoal da comunidade, nosso parceiro na realização do espetáculo, parceiro de aventura?

Afinal tínhamos que apresentar de cara alguma coisa que provocasse a Gira e resultasse num espetáculo orgânico no fim de 11 ensaios.

Além do mais, este prólogo não era para se jogar fora depois, mas sim para fazer parte da história que iríamos contar.

Minha idéia era apresentar Micenas sob o jugo dos usurpadores, Clitemnestra e Egisto, contando os antecedentes da história e caracterizando Orestes como um herói libertador.

Pedi ao poeta Geraldo Carneiro, que na época só falava em decassílabos, que me fizesse dois poemas para o Gabriel Moura musicar.

O primeiro, um apelo do povo de Micenas a Apolo, contando sua miséria e pedindo ajuda.

Seu poema começa assim:

> Defendei-nos, Apolo, dos canalhas
> Que tomaram o poder nesta cidade
> Clitemnestra assassina de Agamenon
> Que era seu marido e nosso rei
> Tendo por cúmplice o amante Egisto
> Essa mulher matou o nosso sol

O segundo era uma aparição aterrorizante de Egisto com seus esbirros:

> Eu sou Egisto, príncipe do mal
> Vim a esse mundo pra fazer pior
> Pratico o mal praticamente sempre
> Eu mato, esfolo, eu cobro e mostro o pau

Mandei os poemas para todo mundo, com um resumo de prólogo.

Gabriel desandou a fazer música, mas pouco depois, Anselmo chegou com uma idéia melhor: fazer um *trailer*.

Assim, poderíamos fazer cenas esparsas, sem ligação obrigatória entre elas.

Eu abriria o espetáculo contando os antecedentes e fecharia com:

"O que acontecerá? Não perca, na próxima lua cheia, a continuação dessa empolgante história e, quem quiser, pode se juntar a nós para contá-la".

Já tínhamos decidido que a aventura de Orestes no Oráculo de Delfos seria ao vivo e não contada como na peça e Anselmo propôs que trabalhássemos em módulos de produção e o primeiro seria o *trailer*.

Trouxe também um projeto de escaleta, um roteiro só das cenas, sem diálogos, que começava com minha narração que introduzia o Oráculo de Delfos, depois vinha a cena em que Orestes, Pílades e o Preceptor chegam a Micenas, seguida do povo pedindo proteção a Apolo, o lamento de Electra, a discussão com a irmã Crisóstemis e, finalmente a entrada do "Bonde do Mal" de Egisto.

Tudo isto sem ligação entre as cenas, como num trailer.

Idéia aprovada, quando chegamos na reunião nas ruínas do Casa Grande, Gabriel já tinha a versão do Oráculo, duas versões da oração a Apolo, uma do bonde do Egisto, e um samba lindíssimo do lamento de Electra.

A letra era baseada num texto que Anselmo propôs, tirando da tradução de Ubaldo as frases definidoras da ação da cena.

Propus uma letra para a chegada de Egisto, e Ricardo Petraglia, junto com Gabriel, transformou o *Bonde de Egisto* num rock pesado, como ele gosta.

De qualquer modo, a coisa começava muito bem.

Tínhamos material suficiente para começar a Gira.

No dia 28 de abril, um domingo, fomos a uma feijoada na quadra, onde convocamos as pessoas que se interessassem a estar na quadra na quarta-feira, dia 6 de maio às 19h, para começar a trabalhar conosco.

Durante a semana seguinte, distribuímos panfletos e convocações pela rádio comunitária e aguardamos ansiosos pelo início do trabalho.

MÓDULO 1
PRIMEIRA SEMANA
DIAS 6, 7, E 8 DE MAIO DE 2002

Fizemos nossa primeira reunião na quadra da Estação Primeira de Mangueira na segunda-feira, dia 6 de maio e, graças a Paulo Ramos, vice-presidente de Cultura da Mangueira e Nilcemar Nogueira, vice-presidente do Centro Cultural Cartola, tinha umas trinta pessoas para conversar conosco.

Como sempre, depois de um pequeno papo sobre o que estávamos fazendo lá, partimos para a prática: começamos a ensaiar "O Oráculo de Delfos".

Na quadra havia uma dezena de divisórias de metal com rodas que formavam uma série de trainéis que nos ajudaram a formar dois *"ondes"*: no fundo da quadra montamos a "Praça em frente do palácio em Micenas" e do outro lado da quadra, outro *onde*, que significava "Fora de Micenas".

O ORÁCULO DE DELFOS

O Oráculo de Delfos estava obviamente fora de Micenas. Começamos a criar a gigantesca cobra Píton, com os rapazes engatinhando com a cabeça entre as pernas do que estava na frente até a cabeça da cobra, improvisada com uma cabeça de onça, herdada da bateria da Imperatriz Leopoldinense.

Uma coisa que não cansamos de usar em nossas montagens desde os tempos do TUERJ, são folhas de palmeira em forma de leque, abundantes nos jardins da UERJ, que servem como folhas numa paisagem, ou de abano, ou de adorno.

Tremidas fazem um som de chocalho e, quando secam, ficam com uma cor de palha quase dourada.

Na contraluz, tomam formas inusitadas.

Assim, fora de Micenas, das folhagens de um bosque, (manuseadas pelo coro) surgia uma grande cobra de corpos humanos com uma cabeça que seria adereçada.

Na seqüência, a cobra se desfazia, o bosque se transformava em um altar de grandes leques vibrando e, num ritmo de batuque, surgia a Pitonisa (Wanderley Gomes).

Entravam os heróis: Orestes, interpretado por Marquinhos (mestre-sala da Escola), Pílades (personagem mudo). (Vide anexo 3) e o Preceptor (Luca de Castro).

O diálogo começava, em ritmo de soul.

> PITONISA
> Aqueles
> que consultam o Oráculo de Delfos
> Sabem as conseqüências das suas Revelações?
>
> ORESTES, PRECEPTOR E PÍLADES
> Sabemos!

Num ritmo forte de maracatu, a Pitonisa entrava em transe, colocando a cabeça da cobra e incitava Orestes a voltar para Micenas e se vingar dos assassinos do pai, mesmo usando de subterfúgios:

> ORESTES
> Como poderei castigar
> O assassino do meu pai?
> PITONISA
> Com truques e traições
> Mas com tuas próprias mãos
> Vai, já chegou a hora!
> CORO
> Vai, já chegou a hora!

Formava-se um redemoinho de folhas vibrando e a cena se desfazia.
A Gira tinha começado.
Criamos uma cena coletiva onde todo mundo "entrava no banho".
Mas como isso foi possível no primeiro dia de ensaio?
Viemos preparados.
Durante o mês de abril, em nossas reuniões, as idéias mais estapafúrdias foram ventiladas, (as mistificações do pensamento abstrato), mas, a

presença concreta das divisórias na quadra nos objetivou a procura dos *"ondes"* da cena.

Levamos as folhas de palmeira e a música já estava pronta.

Não partimos do pressuposto que a música (texto) precisava ser ensaiada (decorada) para ser encenada.

Éramos 12 atores e atrizes, dois músicos e uma equipe técnica sob a batuta de Irã Moço, de modo que ao começarmos, já tínhamos o som montado.

Gabriel com violão e voz amplificados, Valmir Ribeiro organizando a percussão com gente da comunidade que, claro, pegou rápido o que tinha que fazer, e o nosso pessoal em cena organizava a movimentação do coro por dentro e, por fora, encorpava o coro ao microfone.

No início, as pessoas em cena tentavam dublar o que estava sendo cantado e, no movimento, iam aprendendo o texto.

No fim do ensaio de segunda-feira, esta cena estava levantada e a energia, alta.

Como sempre, depois do ensaio dávamos um lanche, para bater papo e se confraternizar.

Na terça-feira, demos uma passada nas músicas e fomos para cena, aperfeiçoar o que tínhamos feito e passar para uma outra cena, também coletiva:

O POVO DE MICENAS PEDE PROTEÇÃO A APOLO

O coro começava lavando o chão da "Praça diante do palácio em Micenas".

Quatro baianas (senhoras da comunidade) puxavam um batuque ritual até a música explodir.

(Dois solistas nossos cantavam a primeira estrofe.)

> Protegei-nos, Apolo, dos canalhas
> Que tomaram o poder dessa cidade
> Clitemnestra assassina de Agamenon

Que era seu marido e nosso Rei.
Tendo por cúmplice o amante Egisto
Essa mulher matou o nosso sol

E o coro terminava a cena com esta invocação:

CORO
Protegei-nos Senhor de toda a luz
Vinde vingar e nos livrar da dor
Apolo, Apolo, Apolo

Fomos levantando a cena com Gabriel cantando a música e as pessoas se movimentando e aprendendo a letra.

Os solistas (Andréa Bordadagua e Isaque Simão) apareciam num plano superior, em trainéis do outro lado da praça, que agora significavam as portas da cidade.

Quando chegamos à quadra, além das divisórias de metal, encontramos também meia dúzia de pequenos palanques sobre rodas, de um metro de altura com uma amurada em cima para proteger e equilibrar o solista.

Por trás das divisórias, as figuras pareciam estar em cima das muralhas. Levantamos a cena no ensaio de terça-feira.

Esse resultado surpreendente envolvendo mais de quarenta pessoas se deve ao fato de que o povo da favela canta e dança desde pequeno.

Se fôssemos exigir um tratamento musical erudito (raiz grega) e uma coreografia "balética", levaríamos uns cinco anos para conseguir um resultado medíocre, mas cantando sua música e dançando sua dança, a coisa aconteceu rapidamente.

Na quarta-feira, começamos por ensaiar as músicas dos solistas desse trailer:

Orestes (Marquinhos) em Micenas com o Preceptor (Luca de Castro), Electra (Andrea Dantas) encontra o povo, a discussão de Electra com sua irmã Crisóstemis (Elisa Pragana ou Simone Debet) e ainda o Bonde de Egisto, (Ricardo Petraglia) que iríamos levantar na semana seguinte.

Depois, entramos em cena para continuar aperfeiçoando as cenas levantadas. Terminado o ensaio, durante o lanche, distribuímos as letras das músicas e fitas cassete para que os solistas treinassem suas músicas para a semana seguinte.

Andrea, Ricardo e Luca faziam parte da nossa equipe de encenadores.

Elisa e Simone, Andrea e Isaque, pertenciam ao grupo, mas Marquinhos estava entrando numa cena teatral pela primeira vez na vida e estava apavorado.

Só que Marco Antônio Rodrigues é o primeiro mestre-sala da Mangueira, um artista com prestígio na comunidade, dançarino extraordinário e carismático, capaz de empolgar 130 mil pessoas no Sambódromo todos os anos. Quando decidimos testá-lo no Orestes, sabíamos que ele se daria bem porque estaria cantando e dançando.

Tínhamos medo que ele desistisse antes do dia da apresentação, o que felizmente não aconteceu. Nossa primeira semana na quadra foi muito proveitosa.

Faltavam oito ensaios para a apresentação pública do nosso trailer.

S̃egunda semana
Dias 13, 14, 15 de maio de 2002

Na segunda-feira, começamos com um papo sobre a história que íamos contar e seus personagens.

Depois ensaiamos as músicas e fomos para cena, recordar o que tínhamos feito e então, começamos a ensaiar a cena seguinte:

ORESTES EM MICENAS

Fiz uma letra, tirada do texto e modificada por Gabriel, que compôs uma balada que começava assim:

> ORESTES
> Micenas minha querida
> Cidade dos meus sonhos
> Quantos lamentos tristonhos

> Quantas noites de insônia
> Passei pensando em ti
> E terminava assim:
>
> ORESTES
> Vou da morte do meu pai
> Me vingar, me vingar
> E Micenas meu amor
> Foi um Deus que autorizou
> Hoje vou te libertar.

A cena era simples.

Para dar confiança a Marquinhos, Gabriel cantava ao microfone e ele cantava em cena sem amplificação, o que disfarçava qualquer desafinação.

No dia da apresentação a voz do Gabriel daria suporte a qualquer problema.

Já tínhamos a experiência de que, na empolgação do espetáculo, pequenos erros passam desapercebidos, basta errar com convicção.

No espetáculo, ao vivo, mil coisas acontecem além da encenação.

Estas simultaneidades, junto à energia humana que emana do palco e da platéia, encobrem e limpam as pequenas "sujeiras" que aconteçam.

O Marquinhos estava desconfiado.

Sua desconfiança só acabaria depois da primeira apresentação.

No fim do quarto ensaio já tínhamos três das seis cenas do trailer levantadas.

Na terça-feira, começamos por ensaiar as músicas e Ricardo resolveu encenar a sua cena: *O Bonde de Egisto*.

Junto com a rapaziada que fazia os "cavalos-esbirros" do carro de batalha de Egisto ele tomou conta do palco/ quadra e foi difícil tirá-lo de cena para prosseguir.

Finalmente, passamos as cenas levantadas, já na ordem certa:

1) O Oráculo de Delfos,

2) Orestes em Micenas,

3) Oração a Apolo

LAMENTO DE ELECTRA

Depois disso levantamos a cena em que Electra encontra o povo: ao final da oração, ouvem-se os gemidos de Electra dentro do palácio.

As portas se abrem e ela surge, cantando seu primeiro monólogo, um belíssimo samba de Gabriel Moura:

> ELECTRA
> Ai de mim...
> Ai de mim...
> Luz, divina luz que brilha
> Noite morta pela madrugada
> Trago meu lamento e meus ais
> Rompo o peito até sangrar aflito
> Em minha cama agoniada
> Longas horas de vigília, ai...
> Lágrimas roladas por meu pai.

O samba continua acentuando a raiva e a frustração de Electra, que invoca o irmão exilado e termina com a solidariedade do povo de Micenas:

> CORO
> Não se desespere querida
> O filho do Rei não esqueceu
> Como um pássaro perdido que não pousa
> Voando em desespero pelo céu
>
> ELECTRA E CORO
> Ele quer voltar, eu sei
> Ele quer voltar, mas não ousa
> Orestes, Orestes, Orestes...

A beleza da música e a inspirada marcação do Anselmo nos emocionaram a todos e o nosso quinto ensaio terminou com um lanche mais do que animado.

Na quarta-feira quando chegamos, Ricardo já ensaiava a sua cena.

Egisto surgia do palácio em cima de um dos palanques sobre rodas, puxado por sete dos seus esbirros (cavalos).

Depois de um tempo, passamos as músicas e as cenas já levantadas, dando mais tempo à cena da Electra e entramos pela cena da discussão entre Electra e sua irmã Crisóstemis.

ELECTRA E CRISÓSTEMIS

Mais um samba de Gabriel, desta vez, mais ritmado.
Crisóstemis sai do palácio carregando oferendas e invectiva Electra por provocar o poder de sua mãe e Egisto, criando complicações.
Electra responde orgulhosamente e o coro tenta contemporizar, até que Crisóstemis revela que Electra está condenada:

>CRISÓSTEMIS
>Serás trancada na masmorra
>E não verás a luz do dia
>Enclausurada até que morra de agonia
>ELECTRA
>Está decidido?
>CRISÓSTEMIS
>Está
>ELECTRA
>E quando será?
>CRISÓSTEMIS
>Será, assim que o usurpador chegar

Esta cena, trabalhosa, não chegou ao fim quando acabou o ensaio às 23 h.
Fazíamos questão de não passar do horário, porque as pessoas que não moravam na Mangueira perdiam sua condução para casa.
Nosso trabalho não se restringia apenas à comunidade da Mangueira, estava aberto a todos os interessados.
Afinal de contas, nós ainda tínhamos cinco ensaios antes da apresentação e Ricardo já tinha se encarregado de levantar a última cena do *trailer*.

Terceira semana
Dias 20, 21, 22 de maio

Na segunda-feira, começamos por um "recordar é viver".

Passamos, cantando, todas as cenas levantadas; mas, como trabalhamos pouco com repetição, priorizando a criatividade, cada vez que recordávamos uma cena, estávamos criando e acrescentando coisas novas.

No fim do ensaio, não conseguimos recordar as duas cenas da Electra.

Ficaram para o dia seguinte, quando recordamos as cenas de Electra e conseguimos chegar ao fim da discussão dela com a irmã.

O BONDE DE EGISTO

Neste momento, os portões do palácio (divisórias de metal com rodinhas) se abriam num estrondo e Egisto, no seu carro de batalha (palanquinho sobre rodas) puxado por sete cavalos, avançava em passo de capoeira e ao som de tambores.

A capoeira se transformava no rock pauleira de Gabriel e Ricardo que, no meio do poema de Geraldinho Carneiro se transformava em samba, terminando, de novo, num rock ameaçador:

> EGISTO
> Eu sou Egisto príncipe do mal
> Vim dar-vos a vossa maior desgraça
> A graça de viver em desespero
> A graça de viver o meu terror

Ufa! Estava levantado o nosso *trailer*.

Na quarta-feira, a intenção era passar o que fizemos duas vezes, para fixar, mas não conseguimos nem terminar a primeira.

Sabe como é: começa por "recordar é viver", de repente vem uma idéia, um passo novo, uma movimentação mais complicada, a cena vai ficando mais bonita e, quando o ensaio acabou, não tínhamos terminado a primeira passada.

Ficou para a outra semana, a da apresentação.

A estas alturas, já tínhamos mandado convites para os amigos e personalidades da nossa mala direta e a comunidade estava sendo convidada através da rádio comunitária, panfletos e faixas, que distribuímos pelo morro.

Quarta semana
Dias 27, 28, 29 de maio de 2002

Na segunda-feira, começamos a recordar pelo fim, mas não conseguimos dar uma passada geral até o fim do ensaio.

Na terça, fizemos nosso ensaio geral, com som, máquina de fumaça e uma parte da luz, improvisada por Aurélio de Simoni.

A quadra da Escola ficava ocupada com várias oficinas até às 19 h, o que atrasava os ensaios, e, para chegar até o final do trailer passamos da hora.

A esta altura, todos já estavam conscientes da necessidade de termos uma visão geral do que íamos apresentar no dia seguinte e, com Philotes presidindo o ambiente, conseguimos cumprir a tarefa.

Na quarta-feira, dia da apresentação, tínhamos permissão para ocupar a quadra mais cedo, a partir das 15 h.

Quando chegamos, a equipe do Aurélio já estava montando a luz e, entre eles, alguns rapazes da comunidade ajudando e aprendendo.

Iran Moço e Russo cuidavam da montagem do som e do palco com a ajuda das pessoas interessadas, de dentro e fora da comunidade.

O cenário era formado pelas divisórias e pelos palanques sobre rodas:

No fundo da quadra, uma rotunda negra do nosso acervo.

O Palácio em Micenas era formado por oito divisórias, três de cada lado e duas no centro, o portão, que abria lateralmente e se fechava com as divisórias se encontrando outra vez no centro.

Atrás de uma das divisórias de cada lado, ficava um palanquinho, para que personagens pudessem aparecer no alto das muralhas.

Do outro lado da quadra, duas divisórias de cada lado de um vão de três metros no centro e, atrás, de cada lado, um palanquinho.

Este lado, "fora de Micenas", era decorado com galhos e folhas que o Irã pegava na prefeitura.

Cada ator era responsável pelo seu figurino e, liderados por Cátia Vianna, iam se descolando.

Trouxemos muita juta, cordas, búzios e conchas, para que as pessoas fizessem suas batas, tangas, turbantes e etc.

Nosso pessoal já começou a se produzir e se maquiar, pintando a cara de maneira tribal, criando máscaras, o que foi seguido de maneira tranqüila e com total conhecimento pelo pessoal da comunidade.

As figuras que se apresentaram em cena, tinham, na diversidade da criação de cada um, uma extraordinária unidade não padronizada.

Na luz, tínhamos 40 lâmpadas pares, oito tangões (refletores abertos) e duas máquinas de fumaça, para iluminar a quadra e fazer efeitos especiais com uma lâmpada estroboscópica.

Graças à nossa prática com o Teatro Descartável, entrar em cena com uma série de imprevistos e detalhes não ensaiados não era problema.

Mas o som era um problema sério.

Na quadra, de cimento ferro e vidro, o som ricocheteava pra todo lado e, mesmo com nossa rotunda no fundo, ficava difícil entender o texto.

Fizemos um folheto com todas as letras, que distribuímos para o público.

Era o que tínhamos e o espetáculo era às 21 h.

Na quarta-feira da lua cheia, dia 29 de maio de 2002, às 21:15 h, mais ou menos, começou nosso primeiro espetáculo na quadra da Mangueira.

Éramos quarenta atores e dez músicos (oito na percussão, é claro).

Na platéia, umas duzentas pessoas sentadas de cada lado da quadra.

As luzes se apagam e acende um pino no meio da quadra.

Entro eu, para improvisar uma introdução com um microfone de mão.

Falo de Micenas, do assassinato de Agamenon, da fuga de Orestes, entregue ao Preceptor por sua irmã Electra, seu desenvolvimento numa terra estrangeira e sua necessidade de voltar para vingar a morte do pai.

Mas, para isso era necessário pedir permissão a Apolo, no Oráculo de Delfos, numa profunda caverna, no "Umbigo do Mundo!"

Black out e começa a cena do Oráculo de Delfos.

A entrada da cobra causou uma viva impressão no público.

Ela vinha corcoveando na penumbra com uma contraluz azul e os rapazes que a compunham traziam nos pulsos e tornozelos lanterninhas pisca-pisca.

Os olhos da cobra também piscavam.

Quando a cobra se desfazia e formava-se o altar de folhas em leque, a Pitonisa surgia em cima de uma engenhoca inventada pelo Luca, uma escadinha de dois degraus com um caixote na frente, onde estavam um refletor e uma máquina de fumaça virados para cima, de modo que a Pitonisa aparecia envolta em fumaça e iluminada por baixo.

O efeito foi aplaudido.

A apresentação seguiu de maneira emocionante e, quando o som falhava, o que aconteceu algumas vezes, a voz de Gabriel se sobressaía "concertando" tudo.

As cenas eram aplaudidas e, ao final, quando Egisto entrou, cheio de contraluzes e luz estroboscópica, foi fácil para mim, ao final do *trailer*, entrar em cena e convidar as pessoas para participar da nossa aventura.

SALGUEIRO NA MANGUEIRA?

A noite foi um sucesso.

Não obstante, fui chamado à atenção por ter entrado na quadra da Mangueira com as cores do Salgueiro.

É que para compor o meu figurino de "Apresentador", eu tinha escolhido, inadvertidamente, minha calça branca, sapato de duas cores e apanhado no nosso acervo, um chapéu coco branco, uma camisa com punhos de renda branca, uma faixa prateada e uma casaca vermelha com gola prateada.

Para consertar a gafe, mandei imediatamente fazer um colete verde e rosa, uma faixa verde e rosa e mandei botar uma fita verde e rosa no chapéu coco. (Anexo 4)

Várias outras providências tinham que ser tomadas:

1) O som estava péssimo: a quadra não ajudava a acústica: concreto, vidro, azulejo e cobertura de metal.

Nossa rotunda era evidentemente insuficiente para "agasalhar" estes materiais.

Pensamos em várias providências para ao menos atenuar os problemas: estender nosso pano de algodão cru de 8x16 m na entrada da quadra; além deste, estender panos pretos por todas as laterais da quadra até o parapeito dos camarotes, ou seja, cercar a quadra de panos para diminuir a reverberação.

A banda foi entocada debaixo de um dos camarotes, também cercada de pano.

Nossa aparelhagem de som era insuficiente; seria preciso alugar um equipamento de som complementar.

Durante as semanas do primeiro módulo, fora dos dias de ensaio, vários passos, previstos para o segundo módulo, foram dados:

Pedi a Humberto Silva, cenotécnico, que fizesse dois praticáveis em forma de escada e sobre rodas; os degraus eram de 30cm e tinham as medidas da metade de uma folha de compensado, 2.20x0.80m. (Fig. 3)

Quando colocados de ré um com o outro, formavam uma plataforma de mais ou menos cinco metros quadrados, com acesso dos dois lados.

Atrás dos portões de Micenas, havia uma escadaria por onde os personagens desciam para a praça e, uma delas com a ré virada para o público, formava o carro de Egisto, com a vantagem de carregar no degrau inferior uma máquina de fumaça e uma strobo.

Na última semana do primeiro módulo, Anselmo trouxe um croqui de cenário.

Eram tapadeiras de bambu que se encaixavam nas divisórias sobre rodas, cobriam na vertical duas torres de estrutura tubular e, entre as torres uma lua de 3.5m de diâmetro, feita de PVC e malha branca, o que nos propiciaria uma cena em sombra chinesa: a morte de Clitemnestra.

Estas coisas teriam que estar presentes na próxima apresentação, dali a quatro semanas, na quarta-feira da lua cheia.

Módulo 2
Semanas de 3 a 26 de junho de 2002

Com a Gira em movimento, muitas coisas passaram a acontecer fora dos ensaios.

O aperfeiçoamento de cenários adereços e figurinos, por exemplo.

Quanto ao texto, Gabriel e eu avançamos bastante, criando as ligações que não existiam no *trailer*, como a cena em que Orestes pede que o Preceptor invente uma história cheia de astúcia:

> ORESTES
> Diga que, coberto de glória,
> Eu morri despedaçado
> Na maior corrida de carros da Grécia

Orestes sai com Pílades para orar na tumba do pai e o Preceptor entra no palácio.

SONHO DE CLITEMNESTRA E APARIÇÃO DA RAINHA

Fizemos também a cena em que Electra pergunta a Crisóstemis o porquê das oferendas que ela traz.

Crisóstemis responde que a mãe teve um sonho sinistro.

> CRISÓSTEMIS
> Viu de pé ao seu lado
> Nosso pai ressuscitado

Electra exulta dizendo que é um sinal da vontade divina:

> ELECTRA
> Essa mulher desleal e assassina
> Vai pagar o seu pecado

Crisóstemis sai e o coro canta que a Justiça, em breve, chegará.

Neste momento, Clitemnestra entra em cena, mas, embora a música estivesse quase pronta, o embate das duas ficaria para o terceiro módulo.

Também tínhamos a certeza que a cena de Egisto estava fora de lugar.

Não sendo mais um *trailer*, o confronto entre Egisto e Electra não podia se dar naquela hora.

Resolvemos que ela aconteceria, sem a Electra, logo depois do Oráculo de Delfos, ou seja, Egisto entrava na praça cantando o seu terror e saía da cidade.

Só então Orestes e seus companheiros chegavam na cidade.

O MÓDULO 2 ficou assim organizado:

1) Narração (improvisada),
2) Oráculo de Delfos,
3) O Bonde de Egisto,
4) Orestes em Micenas,
5) Oração a Apolo,
6) Lamento de Electra,
7) Electra e Crisóstemis,
8) Sonho de Clitemnestra e aparição da rainha.

Neste momento, parava tudo e eu convidava o público a se juntar a nós.

Da vez anterior o apelo deu certo; na terça-feira posterior ao dia da apresentação, uma dezena de novas pessoas estava lá.

Tínhamos a esperança que um número ainda maior atenderia nosso apelo.

Na quarta-feira, dia 26 de junho de 2002, mais ou menos às 21h, apresentamos nosso MÓDULO 2 com grande energia e entusiasmo.

O som melhorou bastante e a luz mais ainda, pois colocamos refletores em cima das torres do "Palácio em Micenas" e das torres que colocamos atrás do pórtico de "Fora de Micenas", criando uma bela e eficiente luz cruzada.

Amir Haddad, que também fez parte da equipe do TUERJ (Anexo 5) assistiu ao espetáculo e foi convidado a nos brindar com uma de suas "Histórias do Tio Janjão" na terça-feira seguinte.

Figura 3

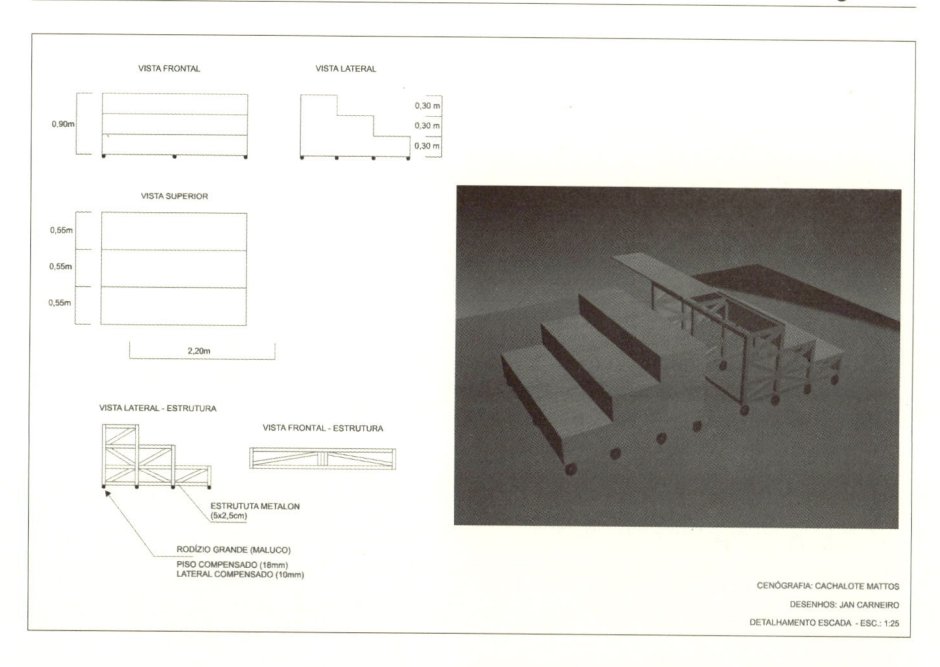

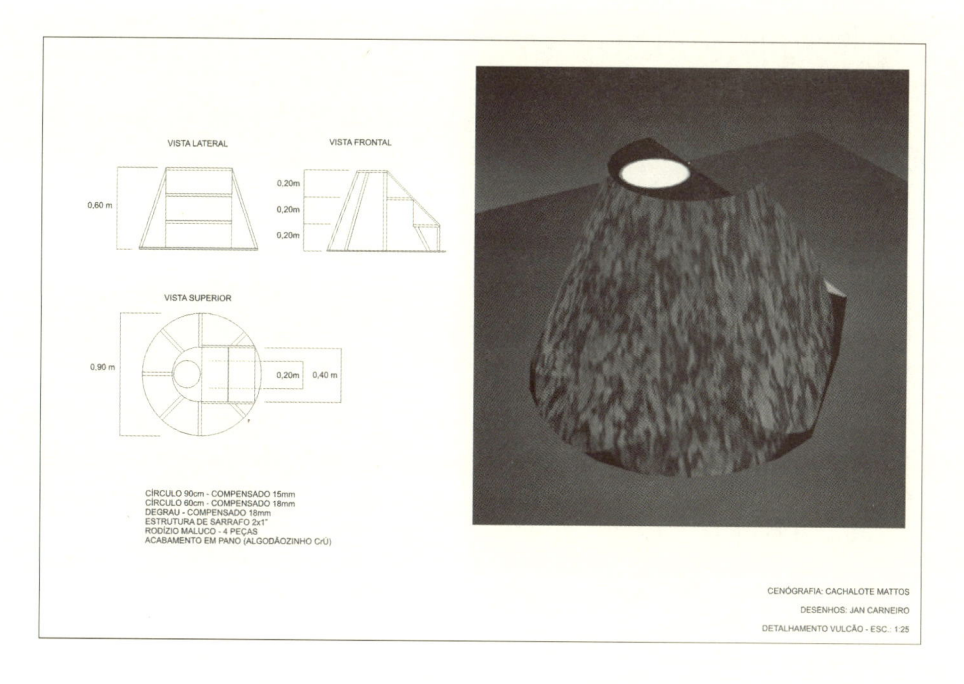

MÓDULO 3
Semanas 1 a 24 de julho de 2002

Durante nosso trabalho na UERJ, de vez em quando, o Amir começava a falar sobre história do teatro, à maneira de um contador de histórias e nós apelidamos estas sessões de "Histórias do Tio Janjão".

Nos primeiros dias do nosso trabalho na quadra, dei uma de Tio Janjão e contei histórias sobre os gregos, sobre Agamenon e sua família, sobre os Deuses que comparei com os Orixás, o Apolo da tragédia que íamos encenar com Xangô, o Orixá da Justiça.

Tio Janjão precisava voltar à quadra.

Apesar dos progressos que fizemos no MÓDULO 2, tanto no texto – música como na movimentação cênica, faltava ao coro um entendimento mais claro da sua função em cena.

O Amir era o professor ideal para essa "aula" de maneira, digamos, "corporal".

Terça-feira, dia 1 de julho, foi um dia de comentar a apresentação da semana anterior, ensaiar as músicas novas e participar de uma "História do Tio Janjão".

O Amir chegou com três rapazes do seu grupo teatral Tá na Rua e começou a falar-fazer sobre o Ditirambo, uma procissão que carrega o bode expiatório para o sacrifício, num ritual de canto e dança.

Desta "ode ao bode" (tragos, em grego) nasceu a tragédia e da procissão, o coro.

Amir juntou as pessoas na procissão e dizia baixo e ritmado: "mata o bode".

Os coreutas iam subindo o tom, falando entre si e convocando quem estava assistindo a participar da marcha, até que todo mundo junto berrava em uníssono:

"Mata o Bode!"

O entendimento foi imediato.

Depois da sessão, todos ficamos conscientes que o coro funciona como uma espécie de amplificador da ação dramática e tem a função de convocar a participação do público nas alegrias e agonias do drama.

O refrão – "mata o bode!" seria definitivamente incorporado ao texto na cena final.

No terceiro módulo, os efeitos dessa consciência ficaram evidentes e, durante os ensaios, os meninos que freqüentavam a quadra passaram a cantar conosco:

> Este é Orestes, filho de Agamenon,
> Nosso herói
> Comandante dos gregos em Tróia

No MÓDULO 3 mudamos mais uma vez a posição do bonde do Egisto.

Pensamos até em cortar a cena, porque o Egisto do poema do Geraldo Carneiro não tinha nada a ver com o Egisto de Sófocles, mas a cena era muito boa, sempre aplaudida e queríamos que ficasse.

A solução foi levá-la de volta ao momento em que Crisóstemis diz à irmã que ela será encarcerada assim que o usurpador chegar.

Electra desmaia e o "Bonde do Mal" entra como um "Pesadelo de Electra".

Egisto não é mais um personagem concreto da trama, mas fruto de um pesadelo.

Desta forma as incongruências de uma personalidade dupla de Egisto ficaram sanadas e nós não perdemos uma das nossas melhores cenas.

Avançamos na trama e chegamos até o ponto em que o Preceptor descreve a "morte" de Orestes numa corrida de carros.

O MÓDULO 3 ficou organizado da seguinte maneira:
1) Narração (já com um texto falado-cantado que os alemães chamam de *sprechtgezang* e nós de rap ou hip-hop),
2) O Oráculo de Delfos,
3) Orestes em Micenas,
4) Oração a Apolo,
5) Lamento de Electra,
6) Electra e Crisóstemis,
7) O Bonde de Egisto (PESADELO),
8) Sonho de Clitemnestra,

9) Clitemnestra entra, discute com Electra e reza para Apolo,
10) O Preceptor entra (mas, só vai contar sua "triste história", no próximo módulo, porque embora a música estivesse pronta, não deu para ensaiar).

Ufa!! Pelo menos no texto, passamos da metade da peça!
Ainda no MÓDULO 3, por sugestão do Anselmo, criamos um novo "onde". (Fig. 4)
Graças à sua habilidade de cenotécnico e aderecista, nosso jovem cenógrafo Cachalote Mattos construiu seis colunas de cinco metros que, sobre rodas, se deslocavam das Muralhas de Micenas em direção ao centro, empurradas pelos corifeus, (Marcelo Dias, Janaina Carvalho, Evandro Machado, Andréa Bordadagua, Edvand Viana e Elisa Pragana ou Simone Debet), formando um hexágono no centro da quadra.
Este lugar passou a ser o Átrio do palácio e o portão de Micenas, a porta do quarto de Clitemnestra.
Quando a rainha avançava para rezar a Apolo, as colunas se deslocavam para formar um altar no lado oposto à Muralha; quando ela se retirava, as colunas voltavam ao seu lugar nas Muralhas de Micenas.
No início da cena, Clitemnestra entrava no átrio com duas escravas super sensuais e cantava um tango:

> CLITEMNESTRA
> Este seu pai
> Por quem você não para de chorar
> Fez uma coisa
> Que nem um grego ousou executar
> Sacrificou aos deuses Efigênia
> A minha filha querida
> Que direito ele tinha de tirar
> Da nossa filha a vida
> A rainha confessa o assassinato de Agamenon e conclui:
> CLITEMNESTRA
> Porque não o matei sozinha
> Foi a Justiça
> Que guiou as nossas mãos

Electra responde irada:
ELECTRA
Você reconhece abertamente
Que matou meu pai amado
E diz que a justiça, ai que mentira,
Estava toda do seu lado
E no final ameaça a mãe:
ELECTRA
Virá Orestes
Pelas curvas do Destino
Para exterminar os assassinos
Virá vingar
E acabar com todo o mal.

Clitemnestra devolve a ameaça, dizendo que seu castigo virá quando Egisto voltar e vai rezar para Apolo (as colunas formam o templo de Apolo).

Ao fim da reza entra o Preceptor.

O MÓDULO 3 terminava aí.

Módulo 4
SEMANAS DE 29/7 A 21 DE AGOSTO

A partir dessa fase, Gabriel e eu desandamos a escrever e musicar o libreto.

Temas musicais já compostos se misturavam com temas novos, dando unidade à obra que, cada vez mais, se formatava como uma ópera.

Neste módulo aconteceu um fato digno de nota: Andréa Dantas, nossa Electra e um dos pilares do grupo estava insegura.

Ninguém deu atenção a ela.

Afinal, para quem propõe como lema: "vai lá e faz", ela teria que se virar sozinha.

Esquecemo-nos que num processo de trabalho baseado em criatividade e liberdade, o inaceitável é estabelecer uma regra fixa.

Enfim, lá pelas tantas, Andréa ficou afônica e tínhamos que substituí-la para continuar ensaiando.

No elenco havia uma mulher da comunidade (Jurema da Matta), com talento evidente, bela voz e emoção intensa.

Sua personagem no coro, uma mulher grávida, era muito bem composta; além disso, ela acompanhava atentamente os ensaios e sabia as músicas quase de cor.

Demos a ela a tarefa de fazer Electra num dos "corridões" da quarta-feira.

O resultado foi emocionante.

Mesmo sem a variedade de meios e sutilezas de uma atriz experiente, com sua voz poderosa e emoção intensa, Jurema nos proporcionou uma noite deslumbrante com sua performance.

Tínhamos descoberto a Electra da comunidade e tomamos a decisão de fazer um espetáculo com um elenco de negros ao final da temporada.

Outra conseqüência do episódio foi a volta de Andréa com garra renovada, assumindo seu papel de protagonista, liderando o coro.

No dia de Zumbi, 20 de novembro, quando fizemos o espetáculo com o elenco negro, Andréa estava no coro, dando apoio a Jurema.

Figura 4

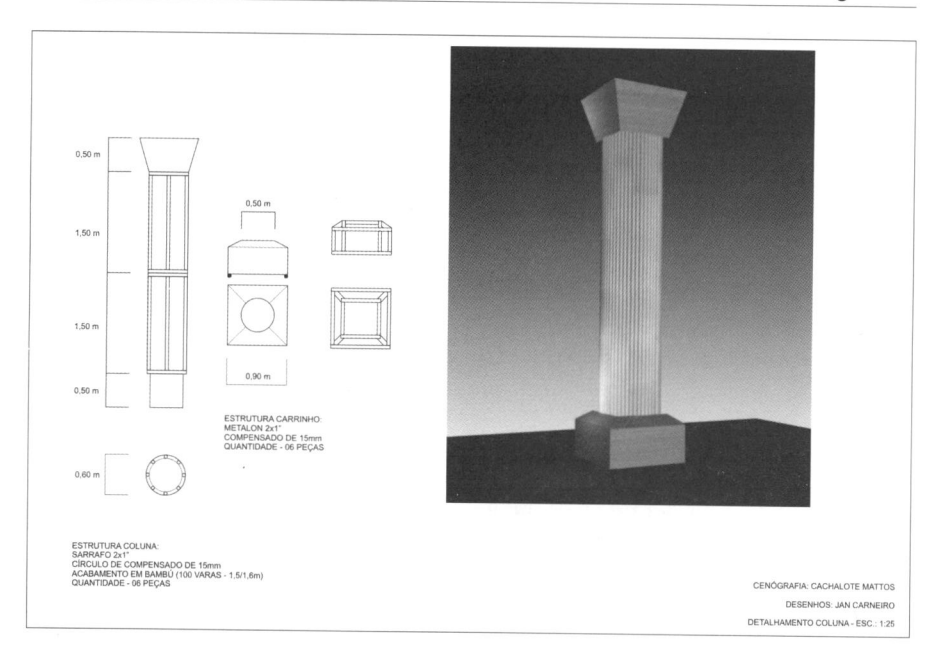

Voltando ao texto musical, neste módulo o Preceptor narrava a "morte" de Orestes, composto como um "galope" alucinante:

> PRECEPTOR
> Orestes foi participar
> Da mais famosa corrida de carros
> De toda a Grécia
> Não houve competição
> Que ele não tivesse ganho
> Todos ali o aplaudiam
> E gritavam quando o viam
> PRECEPTOR E CORO
> Este é Orestes
> Filho de Agamenon, nosso herói
> Comandante dos gregos em Tróia
> E terminava num lamento:
> PRECEPTOR
> Numa urna lacrada
> Dois homens trarão as cinzas
> Do jovem guerreiro adorado.
> Esta é a minha história
> História triste de ouvir
> E ainda muito mais triste
> Pra quem viu acontecer
> PRECEPTOR E CORO
> Com Orestes, filho de Agamenon
> Nosso herói
> Comandante dos gregos em Tróia.

Depois vinha o diálogo do Preceptor e Clitemnestra e a saída da rainha com o Preceptor para seus aposentos.

(as colunas voltavam ao seu lugar nas muralhas de Tróia.)

Electra, então, se lamenta numa canção sertaneja:

> ELECTRA
> Ela riu e foi-se embora
> É isto o amor materno?
> O que vou fazer agora
> Não quero viver neste inferno
> O coro a consola

CORO
Chega desta agonia
Todos nós vamos morrer um dia.

Crisóstemis entra com uma mecha de cabelo que encontrou no túmulo do pai e diz que só pode ser de Orestes.

Electra a desilude e propõe que as duas se juntem para assassinar a mãe e seu marido Egisto.

Crisóstemis se recusa e sai.

Electra desaba e o coro canta:

CORO
Pássaros do entardecer
Ela não pode esquecer
De ser leal com os deuses
E as eternas leis naturais
Pássaros do entardecer
Não deixem ela morrer
E com ela, seus ideais.

Neste momento de amargura Orestes entra e se diz o mensageiro que traz a urna com as cinzas do príncipe (ele mesmo, disfarçado, sabemos).

Electra chora sobre as cinzas do irmão, numa balada comovente:

ELECTRA
Eu te dei meu coração
Amor que não chega a um porto
Pois te vejo agora
Apenas cinzas e nada mais
Teu pai está morto
Em breve eu também estarei
É dor demais, é dor demais!
A emoção sufoca Orestes, que acaba revelando sua identidade.

O Módulo termina com o encontro dos irmãos:

ELECTRA
Que luz! Que alegria! Que belo dia!

ORESTES
Pra mim também é, também é!
ELECTRA
Tua voz é assim?
ORESTES
E sempre será.
Chega de agonia!
CORO
Salve os irmãos
Filhos de Agamenon, nosso herói,
Comandante dos Gregos em Tróia!

MÓDULO 5
Semanas de 26/ 8 a 18 de setembro

No MÓDULO 5 terminamos de construir o libreto. (Anexo 5)

Animados, resolvemos apresentar o espetáculo todas as quartas-feiras, fazendo da quarta-feira da lua cheia um dia especial, incluindo um reforço no som e a presença de convidados.

Era um esforço tremendo.

Podíamos usar a quadra a partir das 19h, pelas outras atividades lá coexistentes.

Ocupar a quadra às tardes, depois das 15h, só na quarta feira da lua cheia.

Tínhamos que montar luz, som, os panos pretos, o cenário, ao mesmo tempo em que nos maquiávamos e adereçávamos os figurinos.

O espetáculo saía lá pelas 22:30h.

Era estafante, mas os resultados, em termos de consciência de sua função em cena, de coesão do elenco, além de azeitar e aperfeiçoar o espetáculo, demonstraram a relevância dessa decisão, mas, o aumento das despesas foi tal, que tivemos que abdicar do nosso salário de novembro, quando nosso compromisso terminava.

Na quarta-feira, dia 18 de setembro, nosso espetáculo chegava até o assassinato de Clitemnestra por Orestes, acrescentando ao libreto do mês anterior as seguintes cenas:

Depois do encontro dos irmãos, Electra quer partir para a ação, mas Orestes recomenda prudência:

> ORESTES
> Mas por enquanto, atenção!
> Nossa hora inda não chegou
>
> ELECTRA
> Minha hora é agora
> A esperança voltou

ORESTES
Cuidado pra não perder
O que achou
Não deixe que nossa mãe
Veja alegria em seu rosto
Pra não provar o desgosto
De ver nosso plano falhar

O Preceptor sai do palácio e avisa Orestes que a rainha está em seu quarto, acompanhada apenas de duas escravas.

ORESTES
Vamos entrar meus amigos
É a hora da verdade
Matar ou morrer não importa
Só importa a liberdade

Orestes, Electra, Pílades e o Preceptor entram no palácio. O povo canta sua ânsia de liberdade:

CORO
Liberdade! Nosso sonho
Vai virar realidade
O defensor do morto
Penetra na casa
Venerável de seu pai
Com uma espada afiada
Que não se contém na bainha
Na ponta da lâmina ereta
Quase se pode ver
O rubro sangue da rainha

Num clima tenso Electra sai do palácio e avisa ao coro que tudo está pronto e que é preciso vigiar, que Egisto vai voltar.

Ouve-se gritos e por trás da lua branca, uma lâmpada estroboscópica, projeta, em sombra chinesa, Orestes matando a mãe, enquanto Electra exulta, com o coro:

CLITEMNESTRA (DENTRO)
Socorro!

ELECTRA
Estão ouvindo ela gritar?
CORO
São gritos horríveis
De dilacerar o coração
CLITEMNESTRA
Egisto, meu senhor, onde está você?
Orestes, meu filho, tenha piedade,
Sou sua mãe!
ELECTRA
Você nunca teve piedade
Nem de Orestes, nem do pai.
CLITEMNESTRA
Aai! Eu morro!
ELECTRA
Mais, Orestes, mais!
Agora não tem mais socorro
CLITEMNESTRA
Ai!
ELECTRA
Vai pro inferno, assassina!
CLITEMNESTRA
Ai!
ELECTRA
Dentro em pouco
Egisto também vai!
CLITEMNESTRA
Ai!
CORO
Vai pro inferno assassina!
CLITEMNESTRA
Ai!
CORO
Dentro em pouco
Egisto também vai!

A cena era de grande impacto e o público aplaudia de pé.

O espetáculo estaria concluído, mas não acabado, na quarta feira, 16 de outubro. Neste ínterim, Anselmo teve um acidente na churrasqueira de casa e fui encarregado de levar os ensaios até o final.

Depois, foi minha vez de faltar para operar o menisco.

Anselmo voltou e fez algumas mudanças.

Criou-se uma cena, a coroação de Electra e Orestes em que ele cantava a balada do início com outra letra e, só então, o povo de Mangueira, não mais de Micenas, cantava o samba-enredo que encerrava o espetáculo.

O final ficou assim:

Depois da morte de Clitemnestra, Orestes entrava num carro fúnebre, com o cadáver da mãe e as mãos ensangüentadas.

> CORO
> A maldição se cumpre então
> As vozes dos mortos nos chegam
> Do chão onde estão enterrados
> O sangue dos assassinos
> É chupado pelo dos assassinados
> Trazem as mãos encarnadas
> Com o sangue do sacrifício
> Cumpriram com seu ofício
> Não podem ser condenados

Egisto entra e, enganado pela postura fúnebre do povo, pensa que o cadáver por baixo da manta é o de Orestes.

Egisto se rejubila, numa marchinha de carnaval:

> EGISTO
> Quem estava esperando por Orestes
> Agora vai dançar a minha dança
> Minha glória grita e não se cansa
> Egisto, você pode mais!
> Depois descobre o logro:
> EGISTO
> É uma cilada, uma armadilha!
> Orestes você me enganou!
> ORESTES
> Como o oráculo mandou
> Com truques e traições
> Mas com minhas próprias mãos
> É! Já chegou a hora

CORO
Com truques e traições
Com nossas próprias mãos
É! Já chegou a hora!

O povo se rebela e ataca os guardas.

A luta é sangrenta, a música desenfreada, até que os rebeldes tiram Egisto do carro e o obrigam a se ajoelhar diante de Orestes.

ORESTES
Agora me acompanhe
Ao túmulo do meu pai
EGISTO
Você disse que vai me matar
Porque não aqui
Pra todo mundo ver?
ORESTES
Você vai morrer como eu quiser
Você não vai escolher.

Enquanto o povo canta, Orestes leva Egisto para o sacrifício.

CORO
Queiram os deuses que a morte
Punição merecida, na verdade,
Alcance todos que desafiam
As leis eternas, as leis da vida,
Enchendo o mundo de maldade

E o coro repete:

CORO
Mata o bode!
Até que Orestes Sacrifica Egisto
ORESTES
O bode da nossa miséria morreu!
ELECTRA
Até que enfim, é a libertação!

CORO
Até que enfim, é a libertação!

O texto terminava aí, mas, já disse, Anselmo propôs uma coda (cauda): a cena da paramentação e coroação dos irmãos, onde Orestes retomava a balada do início com a letra modificada:

ORESTES
Pois agora eu voltei
Pra ficar, pra ficar
E meu trono conquistei
O meu lar, o meu lar
E Micenas meu amor
Já que Apolo autorizou
Hoje eu vou comemorar!
ELECTRA
Vem meu povo, é hora
Todos juntos, agora
ELECTRA, ORESTES E CORO
Vamos cuidar
Do que temos que cuidar

No samba enredo final, Gabriel (que já tinha me substituído, e melhor, como o Apresentador) cantava uma introdução e puxava o samba.

APRESENTADOR
A nossa tragédia acabou
Depois que o bode morreu
E a terra fertilizou em seguida
E então, o povo daqui
Com comovida emoção, vai sair
Em procissão de despedida
Cantando a glória de Apolo
E a beleza da vida
Com um ditirambo na avenida
O samba entra só no cavaco e o puxador.
Os portões do castelo se abrem e o povo desfila.
(o libreto completo é o anexo 6).

Na verdade poderíamos dizer que houve um MÓDULO 6 no mês de outubro, mas não o chamamos assim, talvez porque a obra, para nós, já estivesse completa, embora tenha sido apresentada incompleta em setembro.

Completa, mas não acabada.

Aliás, acabada nunca estaria, nem na magnífica apresentação com um elenco só de negros no dia de Zumbi ou na memorável noite de 3 de dezembro no Theatro Municipal.

Este período da obra completa, mas não acabada, foi extremamente prazeroso, fora a grana que acabou (Anexo 7). Foi o momento da engorda do bebê recém-nascido.

Tudo crescia: a movimentação, sob a batuta de Cláudia Borioni e Wanderley Gomes e a liderança de nossos corifeus; as vozes, os adereços, a luz, os arranjos musicais. (Passamos a contar com Cristina Bhering, no teclado e Dôdo Ferreira no baixo).

O público também crescia e aqueles que acompanhavam o crescimento do espetáculo nessas quartas-feiras, cantavam junto com o coro.

A participação do público, também ajustava o espetáculo.

O espetáculo do dia 20 de novembro, em homenagem a Zumbi, me deixou às lágrimas, mas, embora tenhamos insistentemente convidado em todas as apresentações, a crítica mais uma vez não apareceu.

O único registro que temos, além do vídeo, é uma crônica do meu amigo Jaguar (Fig. 5).

Em novembro, como já disse, tivemos que abdicar do nosso salário, mas ainda tínhamos mais uma missão a cumprir.

O Antonio Grassi, então Secretário de Cultura do Estado, tinha nos conseguido uma data no Theatro Municipal, dia 3 de dezembro, uma terça-feira com apenas um ensaio na segunda, dia 2.

A nossa "Armatta Brancaleone" resolveu topar o desafio e se endividar mais um pouco, pagar transporte (Mangueira-teatro-Mangueira) e alimentação, além das despesas de montagem e divulgação.

O desafio era estimulante.

Transformar um espetáculo ditirâmbico, com o público dos lados, num espetáculo à italiana, frontal ao público.

Figura 5

CRÔNICA
Ópera-samba

JAGUAR

Cartunista, humorista e boêmio, escreve às quartas

Antonio Pedro tá mais para Sancho Pança, mas – as aparências enganam – ele é um Dom Quixote tropical. Acompanho o trabalho do baixinho e fico besta com suas façanhas, que realiza com pouca grana, muitos amigos e começando do nada. Andou pela Uerj, onde batalhou pela conclusão do teatro e montou Saga da Farinha, diferente de tudo que já vi. Até eu embarquei nessa, fazendo o cartaz da peça. Depois que estava tudo nos trinques, puxaram o tapete.

Depois de uma passagem pela Fundição Progresso, desembarcou na Estação Primeira e, com poucos profissionais, o entusiasmo da comunidade da Mangueira e o apoio da BR-Petroquisa, desencavou Electra e deu para João Ubaldo Ribeiro traduzir (depois dessa, Sófocles vai fazer uma tragédia grega se arrumarem outro tradutor) e mandou ver.

A imprensa, inexplicavelmente, não deu bola para o espetáculo. Fui à última apresentação, aberta ao público, em noite de lua cheia. Eu chamaria de Ópera-Samba. Guardem o nome de Gabriel Moura, é dele a direção musical, narração e violão. Andréa Dantas está sensacional como Electra. Só o coro tem 104 figuras, eu contei. Cenários, figurinos, iluminação, adereços, tudo deslumbrante como a Verde-Rosa desfilando. Mas o que me emocionou mesmo foram as crianças da Escola, cantando de cor todas as músicas.

Ontem foi a despedida de Electra no Municipal. Acabou o patrocínio. Não pude ir, foi na hora do lançamento do livro do Ricardo Noblat. Na quadra deve ser mais empolgante que no palco. E depois não tem depois a sopa de ervilha com paio e cervejinha tinindo, no trailer da Jurema, debaixo do viaduto. Ei, empresas, vão de lei de incentivo à cultura e dêem de presente mais Electra para os cariocas.

Para realizar esta façanha, com oitenta pessoas no palco, tínhamos três ensaios na quadra, nos dias 25, 26, 27 de novembro e um ensaio no palco do Municipal no dia 2 de dezembro.

Na quadra, ensaiamos com as muralhas de Micenas no fundo e "fora de Micenas" na frente com as duas torres separadas, uma em cada lado da quadra, prevendo a esquerda e a direita baixas do palco e, quem não estava em cena ou assistindo, ficava à frente das colunas, para o pessoal se habituar a representar para frente.

Na segunda-feira, dia 2, foi aquele tumulto.

Oitenta por cento do elenco nunca tinha entrado num teatro e se deparava com um imenso palco de ópera, com fosso de orquestra e uma platéia imponente e toda decorada.

O nosso material demorou a chegar (o caminhão enguiçou) e tínhamos pouco tempo para levantar o cenário, pendurar os refletores, para afiná-los no dia seguinte de manhã, organizar as coxias e afinar o som para fazer o ensaio.

Gabriel tinha acrescentado uma guitarra ao conjunto e conseguimos 14 vozes do coro do municipal, que fez algumas intervenções estratégicas, com arranjos da Cristina Bhering e do Gabriel Moura.

Como somos fiéis às nossas propostas, as pessoas novas que apareceram nos ensaios da quadra foram incorporadas ao grupo e, na descida do ônibus na porta do Municipal verificamos que havia mais uma meia dúzia de novatos. Recomendamos que se colocassem na fila de trás do coro.

Estava uma bagunça!

Felizmente a equipe do teatro era super profissional e, com a nossa prática de oito meses jogando junto, conseguimos ensaiar a primeira metade da peça.

No dia da estréia, afinaríamos a luz de manhã, no início da tarde ensaiaríamos as músicas com o coro do Municipal e depois tentaríamos dar uma passada geral antes do espetáculo.

Conseguimos, mas só terminamos com o público no saguão do teatro.

Ao terceiro sinal, a adrenalina estava no máximo!

O resultado da noite não foi um milagre, porque este tipo de desafio faz parte da nossa prática.

Foi um espetáculo deslumbrante pela beleza e energia que emanava.

A energia só quem estava lá sabe, mas a beleza pode ser conferida nos vídeos que o Júlio Calasso fez. (DVD)

Depois, uma bela comemoração no Amarelinho, a desmontagem no dia seguinte e a enorme vontade de continuar a trabalhar na Mangueira no próximo ano. Infelizmente, isto não foi possível.

As verbas sumiram do nosso alcance, mas, essa é outra história.

CONCLUSÃO

É no mínimo estranho tirar conclusões de um trabalho inconcluso, mas, como na UERJ e na Fundição Progresso, nossa prática se aprofundou ainda mais na procura de caminhos para enfrentar as contradições de um trabalho vivo, navegar em suas contradições e não as eliminando, tentando lidar com o máximo de diversidades e tentando fazer com que a obra e não o ego indicasse o caminho.

Ficou claro que, quanto menor e menos impositivo for o estímulo, mais liberdade as pessoas têm de se expressar.

No nosso caso, foram seis músicas logo no primeiro ensaio, num universo de mais de cinqüenta, entre árias e recitativos.

Isto resultou num espetáculo cujo texto tem uma estrutura clássica (grega) e um visual, um som e uma corporalidade afro-ameríndios, ou seja, o esqueleto (texto) formalmente grego e a carne (figurinos, maquiagem e gestualidade) afro-ameríndia.

A integração dos elementos da comunidade com (digamos) os artistas provocadores resultou numa linguagem entendida por todos, numa profunda sensação de parceria, onde todos puderam se considerar co-autores de uma mesma obra.

A pulverização da autoria permite, com o tempo, passar para a comunidade, através deste sentimento de inclusão e de posse do seu próprio trabalho, a autoria do seu teatro, tanto quanto ela tem da sua música e da sua dança.

Este sentimento nos convence que estamos num bom caminho para um teatro em que o povo possa se expressar, na medida em que ao provocarmos a expressão, não impomos as formas dessa expressão.

Temos a certeza de que, se pudermos trabalhar por mais tempo na mesma comunidade, cada vez mais o resultado final terá a cara desta comunidade, até que o espetáculo teatral seja dela tanto quanto o samba.

Ficou-nos também a certeza de que a organização da liderança tem que ser cada vez mais horizontal, como na nossa Mandala, mas sempre em movimento, como no Vórtice de Empédocles, deixando entrar acriticamente na roda criativa o que está em volta se expandindo (Neikos) e depois, num processo de retração, procurando a unidade no caos (Philia).

Aqui, preciso abrir um parêntesis.

Uma contradição nos persegue desde o TUERJ: a nossa organização interna, horizontal e circular, como a Mandala, evitando qualquer tipo de autoritarismo e a organização externa que, no mundo oficial, precisa ser piramidal.

Na UERJ tivemos problemas. Em 1995 fomos propostos pelo então reitor, Hésio Cordeiro, para sermos, oficialmente, um Núcleo da Universidade. Juntamos nossos documentos e realizações e fomos ao Conselho Universitário defender nossa proposta. Logo constatamos a dificuldade de o Conselho reconhecer um Núcleo Universitário que não tivesse professores e alunos, mas colegas de trabalho e reconhecer o notório saber como um título acadêmico. Hésio retirou sua proposta, para que pudéssemos reapresentá-la em outra ocasião. Isto não foi possível pela mudança da política cultural da nova reitoria.

Também os concursos públicos e editais privados de patrocínio pedem uma ficha técnica tradicional, além de prêmios muito aquém das necessidades da "NAVE MÃE" (como passamos a chamar o tipo de trabalho aqui descrito). Foi necessário criar os "FILHOS DA MÃE", espetáculos feitos da maneira tradicional, com uma organização piramidal, para concorrer aos concursos e editais e assim manter nosso grupo unido.

Em 2001, depois do Incrível Encontro, então última viagem da NAVE MÃE, produzimos dois "FILHOS" dela: *Terror em Copacabana*, com o nosso Teatro Descartável no Teatro Villa-Lobos e *Se correr o bicho pega, se ficar o bicho come*, com patrocínio da Secretaria Estadual de Cultura.

Fomos para o Teatro Casa Grande, onde fizemos reformas, na esperança fazer lá uma sede provisória do grupo, o que acabou não dando certo. Foi lá, no final da temporada, que a Petroquisa decidiu patrocinar nosso projeto de "Electra na Mangueira". Nossa "NAVE MÃE" se enquadrava na área social da empresa.

Então, cometi um erro: resolvi juntar as duas estruturas de organização.
Aí, cabe uma AUTOCRÍTICA.

Sob minha Coordenadoria Geral, propus três outras coordenadorias: Anselmo ficaria com a Coordenadoria de Encenação com os encenadores Andréa, Claudia, Luca, Ricardo e Wanderley.

Júlio seria o coordenador de Produção, responsável pela administração, pagamentos e compras e Gabriel, coordenador de Música, além de compositor.

Não sei por que fiz esta besteira.

Talvez porque conhecesse a Mangueira, com sua pujança como Escola de Samba, sua notável obra social, com cursos, oficinas, vila olímpica e etc.

Achei que deveríamos ter uma liderança que pudesse tomar decisões sem consultar o coletivo.

Ledo engano.

Ainda que o resultado do trabalho tenha sido, talvez, o mais completo do nosso grupo, o processo de criação foi muito conflituado. E eu no meio, Coordenador Geral, sem saber o que fazer. Pensar o processo no meio do banho pode ser fácil de escrever, mas é difícil de fazer.

O problema é que a estrutura piramidal de organização está na própria estrutura da sociedade e internalizada em nós. Imediatamente a liderança natural de um membro do coletivo, se transforma numa liderança autoritária pelo poder que lhe foi outorgado. A liderança natural, quando impõe, por competência e brilhantismo, suas idéias ao coletivo, sua aceitação também é natural, mas quando vem investida de um poder institucional, torna-se quase uma ofensa e o liderado, por mais velho que seja na relação, assume o papel de submisso.

O que nos salvou, foi o "péssimo" hábito dos componentes do CETE de discutir suas questões emocionalmente, aos berros e palavrões. (Afinal estamos todos sempre no mesmo banho).

Embora a "baixaria" criasse constrangimento, (o pessoal da comunidade reclamava) era uma fissura na "otoridade" e dava aos participantes a oportunidade de intervir. Um dia, Marquinhos, uma liderança natural da comunidade, de pé em cima do praticável, botou ordem na bagunça.

Por isto, estou convencido que é preciso fugir do autoritarismo como o diabo da cruz, inclusive na estrutura da nossa organização.

A direção do espetáculo deve ser coletiva entre os artistas provocadores, um núcleo mutante, à medida que novas lideranças se apresentem e sua função é provocar a explosão de *Neikos* e, na periferia desta expansão, re-orientar o fluxo em direção a *Philia*, o núcleo.

Para terminar, volto a lembrar ao amável leitor que o instrumento de trabalho mais usado neste texto foi *la loca de la casa*, a Fantasia, esta capacidade humana de produzir ficção e geometria.

Rio, abril 2006

Anexo 1

TUERJ OBSCENAMENTE OUSA APRESENTAR
FESTIVAL "NAS CONCHA"
DE 26 A 29 DE JUNHO

26/6 — SEGUNDA-FEIRA

O TUERJ APRESENTA ABRINDO NOVA PROGRAMAÇÃO
TEATRO NAS CONCHA

NOSFERATU O VAMPIRO

TEATRO MUDO

5ª FEIRA DIA 20 de ABRIL ÀS 20 HORAS
CONCHA ACÚSTICA

ESTE ESPETÁCULO FOI ORIGINALMENTE PRODUZIDO EM PRETO E BRANCO

27/6 — TERÇA-FEIRA

TUERJ - TEATRO DA UERJ
(atendendo a 171 pedidos, orgulhosamente Re-apresenta)

Fumanchu e o estrangulador de p....

QUINTA-FEIRA 20h de Maio

5ªf TEATRO NAS CONCHA

Se não tem o que fazer, então venha fazer nada no TUERJ!

28/6 — QUARTA-FEIRA

TUERJ - TEATRO DA UERJ
ORGULHOSAMENTE APRESENTA

A MÚMIA DE JESSE JAMES

Dia 25

SEMPRE ÀS QUINTAS
20h
TEATRO NAS CONCHA

29/6 — QUINTA-FEIRA

Insistindo na sua programação
TEATRO NAS CONCHA

SEMPRE ÀS QUINTAS 20h

Junho 01, 08, 15

TUERJ
TEATRO DA UERJ
ORGULHOSAMENTE APRESENTA

STAR TRAC - A IRA DE KHAN

SEMPRE ÀS 20hs

O TEATRO DESCARTÁVEL ou TEATRO NAS "CONCHA"

Em 1992, estávamos no Teatro da Praia com a peça *A maconha da mamãe é a mais gostosa* de Dario Fó, com tradução de Claudia Borioni e direção de Ricardo Petraglia, quando Vicky Militello, "La Mama" em questão, propôs fazermos um teatro que povoou sua infância e juventude, pois é de família circense. Esta experiência, em nossas mãos, acabou se tornando um exercício para atores que nos acompanha desde então. O texto abaixo é de Claudia Borioni e Luca de Castro e da época do TUERJ. (AP.)

Foi em 1995 que o TUERJ conquistou a maturidade suficiente para enveredar no caminho de uma pesquisa de linguagem teatral, visando como um de seus principais objetivos o resgate do teatro popular e principalmente a formação do ator popular brasileiro.

Criamos uma oficina de produção de peças encenadas ao ar livre, na Concha Acústica do campus da UERJ, que nós denominamos "Teatro nas Concha". Usando uma dramaturgia "descartável", proporcionamos a prática necessária para que o principiante de teatro pudesse formar sua estrutura.

As várias pessoas (às vezes mais de setenta em cena) que participaram do "Teatro nas Concha", profissionais ou não, puderam constatar que a prática constante de sucessivas montagens não só favoreceu e fortaleceu aos já veteranos no processo, como formou outros tantos profissionais da área teatral, que hoje disputam o mercado de trabalho no mesmo nível, ou mais, de colegas já reconhecidos. Ou mais, porque existe um dado de relevante importância que é justamente o trabalhar com o improviso, onde o texto existe somente como pretexto a serviço de um jogo cênico muitas vezes imprevisível.

Uma vez que se estabelece uma abertura para o improviso, cria-se também uma cumplicidade direta com a platéia, estimulando-a para que participe intrinsecamente do espetáculo. Aí, tanto os atores quanto a equipe técnica deverão se manter prontos e atentos para perceberem que rumo o espetáculo pode estar tomando, e, assim, responderem prontamente a qualquer eventualidade, talvez um texto improvisado, um *black-out* não programado, a entrada de uma música inesperada, para em seguida saberem conduzir o espetáculo de volta à história que estava sendo contada.

Isso faz com que o profissional desenvolva uma estrutura capaz de responder a qualquer estímulo e resolver qualquer situação em cena, além de manter a obra em constante desenvolvimento, evitando assim uma cristalização do que foi criado.

Isso nos proporciona total liberdade cênica, mantendo a direção do espetáculo receptiva para qualquer sugestão vinda do próprio elenco.

Com produção executada em curto espaço de tempo, utilizando os mais variados materiais de baixo custo, a companhia adquiriu um riquíssimo acervo de figurinos, cenários e adereços adaptáveis a diferentes montagens.

Claro que isto tudo não surgiu do nada. Para entendermos melhor este processo, precisamos nos remeter ao ano de 1992, quando a maioria dos profissionais que hoje formam o TUERJ, estreou a primeira peça do projeto Terror na Praia, do qual não tínhamos a menor idéia de que resultado iríamos obter. O projeto consistia basicamente em formar uma companhia de repertório montando textos curtos que eram apresentados no primeiro ato do espetáculo. O segundo ato era composto por vários quadros anunciados por um animador. Assim era também o formato do espetáculo da época do teatro/circo.

É importante lembrar o caráter popular desse tipo de manifestação cultural que foi o teatro/circo no Brasil. Isso também nos remete às origens do Teatro Grego, como também ao Teatro Elisabetano. E, como não poderia deixar de ser, à própria Comédia dell'Arte, onde o protagonista da peça era nada mais nada menos que a platéia que participava ativamente do espetáculo.

Em três anos de trabalho, montamos mais de sessenta textos curtos (muitas vezes melodramas do teatro/circo) e uma infinidade de quadros.

Quando estreamos o projeto Terror na Praia decidimos não fazer uma divulgação dentro dos chamados "padrões normais", pois não sabíamos exatamente em que terreno estávamos entrando.

Inauguramos um novo horário, sextas e sábados à meia noite e domingos às 22 h, apresentando um espetáculo novo a cada semana.

Para nossa surpresa, obtivemos total sucesso, com sessões lotadas, matérias em jornais e a adesão de vários colegas. A imprensa nos qualificou como sendo o novo movimento *cult* da cidade do Rio de Janeiro.

Tudo isso nos levou a uma profunda reflexão do que havíamos redescoberto, tínhamos algo novo nas mãos.

Analisando o processo, percebemos que havíamos "criado" uma nova/velha forma de formação de profissionais. A estrutura exigia uma produção contínua para que, a cada semana, pudesse se apresentar um novo espetáculo. Em três dias ensaiava-se, produzia-se, iluminava-se, sonorizava-se, cenografava-se e coreografava-se um novo produto que, depois de apresentado, passava a fazer parte do repertório da companhia.

Podemos concluir que o que fizemos foi trazer para o TUERJ essa bagagem, pois percebemos a necessidade de uma maior aprofundamento dessa nova/velha descoberta para poder, cada vez mais, aperfeiçoar essa passagem de conhecimento.

Afinal, a teoria só é elaborada depois da comprovação da prática.

No período de oito meses do ano de 1995, foram montados nove espetáculos curtos no "Teatro nas Concha".

São eles:

– *Nosferatu, o Vampiro Mudo*
    Teatro mudo em preto e branco.
– *Fu-Manchu e o Estrangulador*
    Teatro de mistério e suspense.
– *A Múmia de Jessé James*
    Faroeste musical.

– *Star – Trac*
　　Ficção científica interplanetária.
– *Ballet Bolstoi em Ivan, o Terrível*
　　Espetáculo de ballet clássico/trash.
– *Tem Cucaracha no Tabule*
　　Neochanchada oriental musicada.
– *Pagarás Com Tua Alma*
　　Melodrama flamenco.
– *Frankenstein*
　　Terror clássico em 3D.
– *Você decida-se*
　　Espetáculo interativo de variedades.

Anexo 2

C.E.T.E.
CENTRO EXPERIMENTAL TEATRO ESCOLA
APRESENTA

A ÓPERA-POPULAR

O INCRÍVEL ENCONTRO

SÉCULOS XVI, XVII, XVIII, XIX E XX
CRIAÇÃO COLETIVA

ELENCO

Andrea Dantas
Anselmo Vasconcelos
Antonio Pedro
Claudia Borionni
Gabriel Moura
Luca de Castro
Roberto Lopes
Valmir Ribeiro
Wanderley Gomes

E:

Andrea Bordadagua
Cacá Monteiro
Deborah Motta
Edwan Viana
Evandro Machado
Fábio França
Janaína Carvalho
Luis Bombom
Marcelo Dias
Márcio André
Nelly do Espírito Santo
Rodrigo França
Simone Debet
Simone Pessanha

ELENCO NÃO PROFISSIONAL

Aline Garcia Amanda Alves Bruno da Silva Carol Castro Carlos Eduardo
Carlinhos Nattydread Cristiane Costa Cristina Passos Deborah Motta
Deborah Oliveira Diego Calasso Elaine Marques Erick Oliveira Ewerton
de Oliveira Fábio Marinho Fernanda Curi Flávia Muniz Flávio Sant'anna
Frank Necho Carneiro Issac Debet
Jaime Ferreira Neto John Waine Assunção Juliana Castelluber Júlio Sayão
Keliane Keller Leandro Wallace Mariana Maia Paulo Carnoth
Rebeca de Paula
Renata Leão Renato Faria Ricardo Keferhaus Saulo Roberto Sérgio Fabião
Shirley Cruz Toninho Menucci Vanessa Azevedo Viviane Nascimento

E mais:

Aline Mattos Ana Luiza Fonseca Anderson da Cruz André Luis Zovão
André Martins Apolo de Souza Pinto Bianca Brancher Carlos Alexandrino
Celso Rodrigues David Meireles Dênis Ribeiro Diógenes Costa Ed Villaça
Fábio Galvão Gomes Flávio Gonçalves Flávio Pantoja Florica Valeanu
Josias Gomes Júlio Fernando Leandro Pereira Lúcia Helena Luciana
Roque Luiza Cristina Torres
Lívia Fernanda Maira Monteiro Marcela Faria Marcelle Pedroso
Maurício Figueira Xavier Nelson Reis Paulo Cézar S. Nunes Pimpolho
Rafael Almeida Ricardo Gomes Roberta Carneiro Costa Sana Maria S.
Rodrigues Sandro de Sá Shirley Cruz Tereza Maria Magalhães Thiago
Santos Valter Rodrigues Wagner Arcos
Yone Catramby Rubén Alonso

Anexo 3

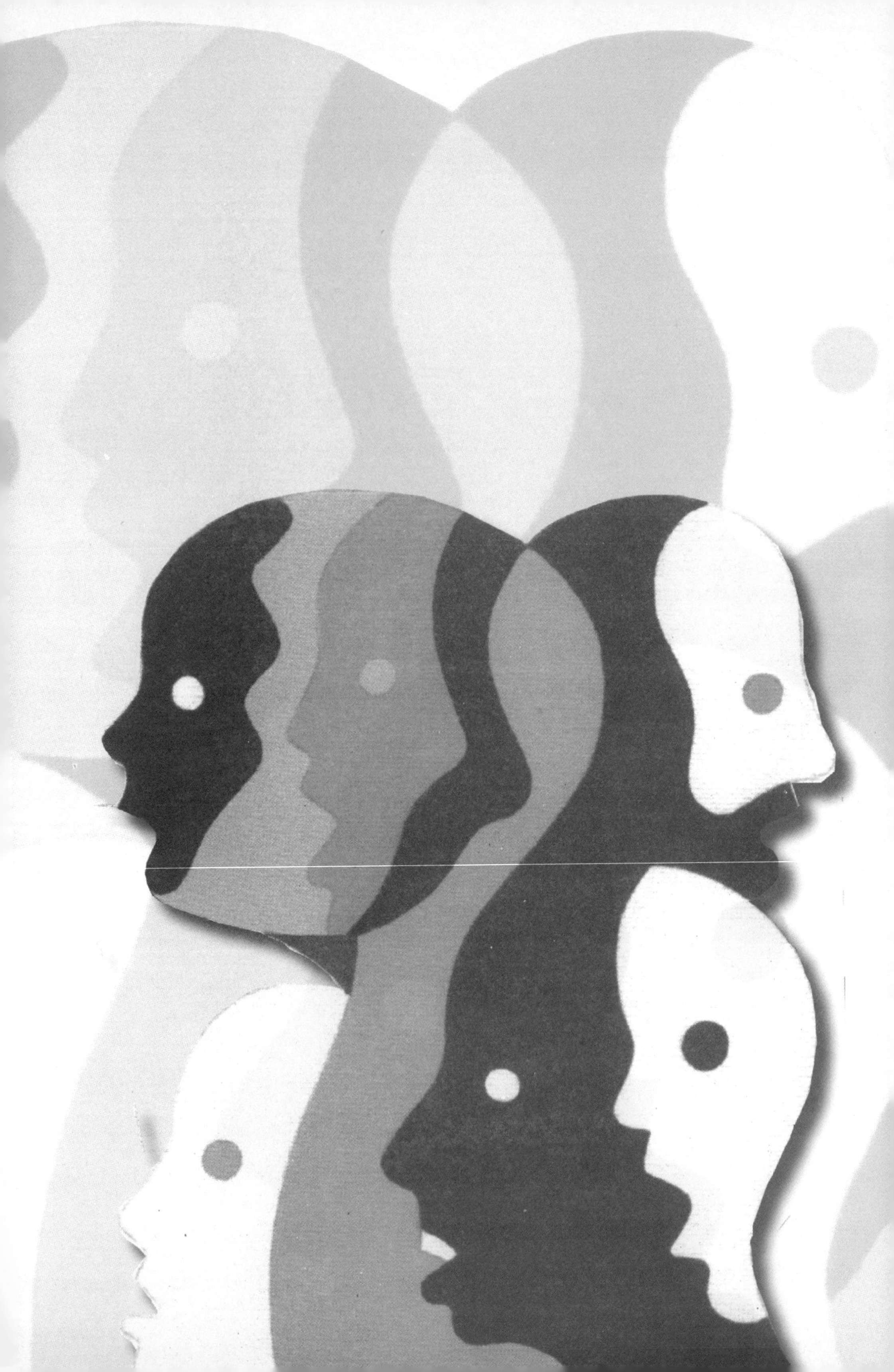

A HISTÓRIA DE PÍLADES

Na noite em que Agamenon foi assassinado por sua mulher Clitemnestra e seu primo Egisto, seu filho caçula Orestes foi entregue pela irmã mais velha Electra ao seu Preceptor, que o levou para o reino de Estrófio, cunhado de Agamenon, onde cresceu ao lado de Pílades, filho de Estrófio, que se tornou seu amigo e protetor.
Na tragédia de Sófocles, Pílades é um personagem mudo. Isto obviamente excita nossa imaginação. Por que um personagem tão importante na trama entra mudo e sai calado?

Anselmo Vasconcellos conta-nos, à sua maneira,
a história de Pílades. (A.P.)

Naquela noite o Antonio Pedro me convida para uma nova aventura. Quer montar ELECTRA de Sófocles, tradução de João Ubaldo Ribeiro e com a Vera Fisher...

Enquanto visualizo a loura em Micenas, Antonio Pedro me conta suas idéias e me embebedo mais uma vez com a ideologia de um teatro popular.

"Penso em realizar isto numa quadra de escola de samba, num terreiro mágico mesmo", ele me diz. Esqueço a loura. Visualizo, como numa cena do filme *Rio 40 graus*, Electra descendo o morro...O Grande Otelo bêbado e de binóculos, dando a notícia da morte de Orestes...Micenas em preto e branco num neo-realismo à brasileira... Que viagem!

Mas o *Dionísio Borges de Oliveira* vira-se, em mais um golpe teatral e manda: "vais fazer o Pílades, e ele não fala nada!" A presença do personagem é notável, mas porque será que o grego calou um homem desta envergadura?

Não resisto e pergunto: Mas porque queres que eu faça tal figura, Antonio Pedro? Ele diz sem rodeios que é um personagem para um ator com forte presença corporal.

Corta.

Estamos na quadra da Estação Primeira de Mangueira e me coube a honra de coordenar a encenação. Proponho de cara um mergulho na dimensão mágica. Vamos começar com o Oráculo de Delfos. Falamos da Pitonisa e surge a imagem da serpente... Conduzo os participantes a fisicalizar a serpente com união de corpos e movimentos. Surge uma imagem arquetípica, o portal se abre e achamos o primeiro módulo. Sim, pensamos a montagem em módulos que aglutinassem a história em fases compreensíveis e que permitissem todo nosso grupo trabalhar na confecção: música, figurinos, adereços e cenografia. Como são as alas de um enredo, pra ser mais simples!

A montagem, com a união de nosso elenco permanente e mais as pessoas da comunidade mangueirense transcorreram em meio a inúmeros conflitos. Muitos gerados pela minha paixão de estar no comando e isso me embriagava. Sentia que estava dentro de uma bela viagem e me faltava e faltará sempre a tranqüilidade de estar mais relaxado e deixar o fluxo transcorrer, ouvindo aqui e ali. Mas eu estava fissurado no transporte das visões que me assaltavam ali.

Estava vendo mesmo e não sabia ouvir!!!

"Ouça Anselmo!", dizia a Claudia Borioni! Mas eu estava ouvindo o canto das sereias e paguei o preço de brigas, esporros. Mas o espetáculo acontecia, era físico e incrivelmente belo em unir extremas diferenças de gente, de sons, de formas e conteúdos.

Não encontrei espaço para entrar em cena como Pílades e entre os muitos participantes que surgiam nos ensaios na quadra, nos apareceu um negro belíssimo, um modelão mesmo!

Entregamos a ele o Pílades. Ele participou de umas das apresentações nucleares que fazíamos nas luas cheias, apresentando ali na quadra, os módulos já encenados e vestidos, com luz, som e fúrias...

Ele não ficou no projeto, seguiu carreira de modelo fora e como *"quem se desloca recebe, quem pede tem preferência"*, dei a idéia de chamar um mágico profissional, o Mr. Fox, que trabalhara com a gente no Teatro da Praia. Este mágico sabia ilusionismos interessantes e tinha um jeito engraçado de se comunicar sem falas. Achava que ele, com suas mágicas, iria popularizar ainda mais as intenções da aventura. Imaginara que Pílades abriria os portões do palácio com sabedorias e gestos mágicos e mais na frente do enredo, quando ele portasse a caixinha com as cinzas de Orestes, eu antevia uma imagem mágica. Pensei numa pomba branca saindo da caixa...Vira Mr. Fox fazer este truque inúmeras vezes e sabia que isto tocava o inconsciente do público...

E assim fizemos.

Pílades ganhou a força corporal e, sem falas, marcava muito como um guardião sábio e sempre oportuno ao lado de Orestes.

Missão cumprida!

Anexo 4

Centro Experimental Teatro Escola
C.E.T.E.

SEMIOLOGIA NO MORRO

Durante o processo de ELECTRA NA MANGUEIRA, na nossa relação com a comunidade mangueirense, muita coisa interessante aconteceu. Uma das mais curiosas é a que nos conta Júlio Calasso. (A. P.)

Diz uma velha piada que semiótica não é loja de óculos para caolho nem pra cego de um olho só.

Na verdade a semiótica estuda e define os signos gráficos produzidos por nós, desde as inscrições rupestres às logomarcas que identificam empresas, bancos, clubes esportivos, produtos e uma infinidade de símbolos visuais que nos permite saber de quem ou do que se trata num piscar de olhos.

Muitos dólares são investidos anualmente para se conseguir esta identificação.

Algumas marcas são conhecidas mundialmente, como a Coca-Cola, desde o início do século XX, até a bandeirinha da Microsoft, por exemplo.

Em nossa passagem pela Mangueira tivemos a oportunidade, única talvez, de viver uma confusão quase fatal (mesmo) na identificação de um símbolo gráfico, no caso NOSSO símbolo, do CETE.

Como foi comigo, me proponho a narrar como aconteceu:

Primeiro de tudo que o Antonio Pedro, entre outras artes, criou uma logomarca para o grupo (anexo), que acumula uma série de informações gráficas e se vale de uma simbologia quase pictórica e de caracteres orientais mas que se apóia mesmo é nas nossas iniciais, fincadas ou pregadas num enorme T (tesão?) compondo o C de Centro e o E sobreposto, de Experimental e Escola.

Nas internas do grupo, desvendamos seus múltiplos conteúdos com tranqüilidade.

Agora, quando a "logo" bateu na comunidade, primeiro através do convite (ilustração 4), posteriormente pintada no peito de um dos integrantes numa das primeiras apresentações do trabalho, a leitura invertida feita pela ala do Tráfico no morro, que sempre nos respeitou, diga-se, me colocou diante de um dos "grandes" que, num beco, diante de um séqüito, me prensou a dizer se aquele

Ilustração 4

CONVITE

O C.E.T.E. e o G.R.E.S.E.P. de Mangueira tem o prazer de convidar os amigos e a comunidade para mais uma apresentação de ELECTRA, o musical, um espetáculo em construção na Quadra da Escola.

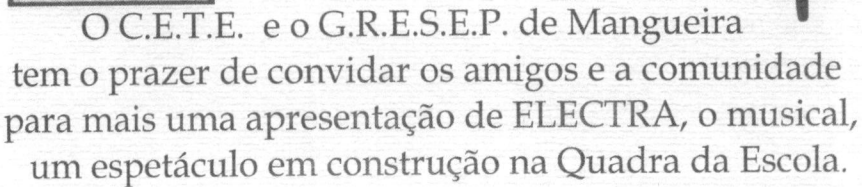

Quarta-feira, 21 de agosto às 21 hs

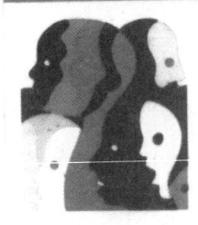

PETROQUISA
Válido para 2 pessoas   É indispensável a apresentação deste

CONVITE

O C.E.T.E. e o G.R.E.S.E.P. de Mangueira tem o prazer de convidar os amigos e a comunidade para 25 últimas apresentações de ELECTRA, o musical, um espetáculo em construção na Quadra da Escola.

Dias 18/19 e 20 de Novembro às 21 hs

PETROQUISA
Válido para 2 pessoas em qualquer dia.   É indispensável a apresentação deste

símbolo era de um grupo inimigo, o TC, Terceiro Comando, porque eles eram do CV, Comando Vermelho e lá não entra ninguém ligado aos seus inimigos.

Na hora eu tive um alívio enorme e rindo, só por dentro, expliquei que era um tremendo engano, mostrei o que queria dizer o símbolo e eles, mesmo entendendo, me intimaram a tirá-lo de circulação e não usar mais nossa logomarca, que foi imediatamente substituída por uma imagem feita por Rui de Oliveira, nosso artista gráfico preferido e que nos seguiu até o fim do projeto.

Quase ri por ironia da história e não porque não estivesse com um medo enorme: é que há muitas décadas participei da Associação Brasileira de Desenho Industrial, que nos seus inícios admitia poetas, publicitários, arquitetos e até designers, de tão poucos que eram.

Se eu lhes contasse esse episódio, ocorrido tanto tempo depois, envolvendo a leitura de um mesmo símbolo gráfico com significação tão radicalmente distinta, para nós do C ao T, para eles, do CV, do T ao C, acho que eles não acreditariam!

Anexo 5

TUERJ apresenta

MACBETH
O Herói Vilão de Shakespeare

Teatro Odylo Costa, filho
UERJ

COMO FUNCIONA(va) O TUERJ

No TUERJ, uma das figuras fundamentais foi o Amir Haddad, não só como ator, participante da nossa direção coletiva e indefectível Tio Janjão, mas também como pensador. Amir é um cara capaz de pensar no meio do banho, de dentro do processo. Este texto é 1995. (A. P.)

1º Mobilização

A mobilização dos interessados em nossos trabalhos é feita da maneira mais aberta possível. Não há nenhum procedimento que possa nos identificar com instituições tradicionais de ensino e formação de mão de obra especializada.

Entre nós, nenhum pré-requisito é exigido.

Nem lenço, nem documento.

A identidade se faz e se configura ao longo do processo de aprendizado.

Aos poucos quem chega vai adquirindo presença e figura, enquanto se destaca dentro do grupo. Portanto, começamos por propor indiretamente aos que chegam que se integrem em um coletivo, em um coro, e que a partir da dinâmica das relações coletivas desenvolvam suas potencialidades.

Queremos também com isso evitar que o indivíduo se sobreponha ao coletivo, mas também, e, principalmente, que o coletivo não seja formado pela massificação dos indivíduos que o compõe.

Qualquer pessoa chega sem nome nem endereço e, ao longo do processo se revelam suas capacidades e características e suas possibilidades de conviver com responsabilidade dentro de uma coletividade produtiva.

2º Desenvolvimento

Enquanto se integra, o candidato executa diversas tarefas e exercícios que serão determinados mais pelo seu desejo que por qualquer outro critério; há os que naturalmente se interessam pelos problemas de luz, outros de som ou de carpintaria teatral e assim por diante.

Quem chega se dirige naturalmente para os setores que seu desejo determina.

Assim, também nas atividades chamadas artísticas e criativas – aquele que prefere a música avança por aí, a dança, a cenografia, todos envoltos na mesma idéia: a idéia do teatro e de sua construção com os melhores pedaços de nossas almas.

Assim como quando chega nada é pedido a ninguém a não ser uma participação estimulante, também ao sair, se quiser, nada lhe será perguntado.

A partida se faz sem traumas e sem explicações.

Apenas nós da equipe central nos questionamos quando a evasão é muito grande e nos regozijamos quando funcionamos longos meses em plena capacidade de lotação (o que acontece a maior parte das vezes).

É evidente que ao ser recebido deste modo, quem chega poderá ser assoberbado por algum tipo de angústia, já que a maneira com que é recebido é totalmente contrária a qualquer tipo de expectativa que possa ter um jovem brasileiro, embora muitas vezes isto corresponda a seus anseios mais profundos e até mesmo desconhecidos.

Os que suportam esta angústia sobrevivem e continuam, iniciando seu processo de crescimento e identificação.

Mas outros obstáculos irão se colocar diante dele e um deles, o principal, depois da identificação, é o tipo de treinamento que lhe é oferecido.

Também, por aí há centenas de procedimentos técnicos que têm por objetivo promover o adestramento de um ator. E, certamente o ator chega esperando encontrar alguns deles.

Muitas vezes tivemos que abandonar dolorosamente seqüências de aulas e exercícios que deixavam a todos satisfeitos, que nos faziam, porém, pensar que talvez fossem bons no sentido de adestrar o ator, mas talvez não lhe proporcionasse necessariamente o desenvolvimento mental, físico, intelectual e emocional que os identificassem.

Por isso entre o adestramento que forma atores com recursos técnicos eficientes e o desenvolvimento que forma atores bem constituídos integralmente, preferimos sempre trabalhar na busca de atividades teatrais que buscam este desenvolvimento.

O simples adestramento muitas vezes não leva em consideração características importantes de cada pessoa e as massificam e colonizam e podem declará-la incompetente sem revelar suas possibilidades para outras coisas, simplesmente porque temos dificuldades de adestrá-los.

Abandonamos isso e criamos no jovem que trabalha conosco uma reversão de expectativa que muitas vezes o leva a desistir de nossas propostas.

Ficam os que se identificaram com elas e temos certeza que crescerão intensamente daí pra frente.

Assim, é o próprio candidato que faz sua escolha e seleção e sua decisão certamente passa por uma intensa reflexão interior.

Dos que ficaram, dos que ficam e dos que ficarão saberemos sempre e cada vez mais seus nomes e características.

Por ser um processo novo, nossas atividades têm que passar por um constante processo de reflexão e avaliação para determinar os passos seguintes.

Portanto, nós também vivemos a angústia de não saber tudo a respeito daquilo que queremos ensinar – o que de uma certa maneira nos coloca em igualdade de condições com nossos companheiros, evitando assim que se estabeleça a idéia tradicional que as autoridades são as possuidoras de todos os saberes e que o resto, bem o resto é o resto!

Nós valorizamos o saber em oposição a uma idéia de poder e dominação.

Com estas idéias e práticas, aparentemente simples, se desenvolve nosso trabalho de educação e reeducação, no sentido de buscar um ator e um cidadão que tenham muito mais a ver com suas verdadeiras inclinações do que com qualquer procedimento ideológico que lhes queiram impor.

E aí chegamos ao principal, que é a questão da ideologia no treinamento, formação e educação do ser humano!

Na maior parte das vezes, todos os procedimentos educacionais e de formação de mão-de-obra especializada estão impregnadas de conteúdo ideológico e procuram muito mais formar cidadãos e/ou profissionais ideologicamente conformados (metidos em uma fôrma) do que instrumentá-los para atuar socialmente de uma maneira rica e transformadora.

Ao tocarmos na questão de ideologia um mundo novo se abriu para nós.

Isto porque ao começarmos a derrubar os padrões e comportamentos consagrados pela ideologia na formação dos atores/cidadãos um novo modelo começou a surgir em nossa prática e a se confirmar em nossas cabeças.

Embora já tivéssemos dentro de nós algumas idéias a respeito deste ator, acabamos sendo surpreendidos pela quantidade infinita de questões e respostas que nossas buscas nos proporcionavam.

A primeira e talvez a mais importante talvez tenha sido a respeito da conceituação do que é um ator popular e de como se chega até ele.

Ao desmontar as estruturas ideológicas utilizadas na formação dos atores e que os "conformavam", começamos a perceber o aparecimento de uma nova maneira de representar que não só se aproximavam do que tínhamos em mente como abriam perspectivas que não tínhamos pensado ou imaginado.

Assim, do desmonte dessas estruturas e das cinzas ou ruínas desta desconstrução, uma nova construção começa por se insinuar em nossa prática e a fazer com que passemos a perseguir um novo modelo de ator popular que era e tem a ver com todos os modelos dos grandes atores populares do Brasil, mas com a novidade de podermos conceituá-los política e ideologicamente face à estrutura da sociedade de classes em que vivemos.

E, depois de conceituá-los, partir para a elaboração de métodos e maneiras, firmando a possibilidade de criação de uma escola não tradicional para a formação de atores com a força e a capacidade de nossos atores populares mais fortes e representativos como, por exemplo: Oscarito, Grande Othelo, Dercy Gonçalves, etc., dando a eles a capacidade histriônica destes grandes modelos brasileiros, além de uma capacidade de reflexão que os habilite a representar tão bem uma comédia nos moldes de uma chanchada da Atlântida quanto um texto de Shakespeare ou qualquer representação dramatúrgica do moderno e/ou antigo teatro brasileiro.

Um ator sem medo e sem sentimento de inferioridade diante da pretensa e sempre afirmada "superioridade" dos outros atores que atingem as camadas superiores do firmamento onde brilham os "astros" da vida criativa brasileira.

Sem medo e sem inveja!...

Para isso tivemos que dar ao jovem iniciante a liberdade de atuação e participação que lhe permitisse entrar em contato consigo mesmo, depois de recebê-los em nosso convívio sem nenhum pré-conceito ou pré-requisito, fazendo com que nosso grupo de trabalho fosse realmente representativo da variada formação étnica e intelectual de que se compõe a sociedade brasileira, o que por sua vez nos permite trabalhar com as manifestações mais espontâneas do modo de sentir e pensar o mundo da sociedade brasileira.

Como um todo, sem distinção de classes, o que só foi possível dada a nossa recusa em aplicarmos técnicas de "adestramento" sobre este universo tão rico, variado e surpreendente, mas insistindo no desenvolvimento de sua expressão mais livre e profunda – e na nossa procura de buscar novas maneiras no sentido de provocar estas manifestações e incorporá-las ao nível de consciência aos nossos corpos e nossas almas – melhorando assim o conhecimento de nós mesmos, de nossas verdadeiras possibilidades e tendências e nos permitindo um profundo trabalho de identificação e reconhecimento de nós mesmos – do que somos e do que gostaríamos de ser e/ou de fazer.

Um ator libertado dos procedimentos ideológicos dominantes, capaz de buscar caminhos próprios a respeito de sua prática e desenvolvendo opinião própria a respeito de si mesmo e do mundo que o cerca e envolve.

Portanto, um ator "des-envolvido", capaz de separar o joio do trigo – consciente do seu valor e necessidades, possibilidades, direitos, obrigações e função social – cidadão de 1ª Classe, portanto – sem, no entanto, pertencer a nenhuma classe – mantendo-se livre da prisão que significa a estratificação social.

Um "des-classificado" e "des-envolvido" cidadão/ator de 1ª Classe!

Enfim, negar os conceitos e os conteúdos ideológicos da educação recebida, negar os procedimentos que conduzem este tipo de educação – detectar e localizar o que se manifesta através dessa construção, entender, elaborar e com isto trabalhar na informação e formação de um novo ator/cidadão – e, por conseqüência, de um novo espetáculo – que se quer também desideologizado e popular – que atinja a todos os seres humanos sem distinção de classes, grupos sociais, raciais e/ou étnicos.

Com isso, queremos crer, estaremos trabalhando, através de uma mobilização realmente democrática, com todos os contingentes sociais, sem exclusão, tanto no campo do ator e do espetáculo quanto no campo da formação de platéia para o espetáculo, dando ao brasileiro médio a possibilidade de se conhecer e se expressar e se reconhecer em atividades expressivas, sem estar com isso sendo manipulado pelos meios de comunicação de massa, nem agindo segundo padrões e procedimentos ideológicos de consumo e produção cultural vigentes no país.

Uma política educacional, artística e cultural que resgate para o convívio social este enorme contingente de excluídos que forma a grande maioria da sociedade brasileira – e desenvolva formas de educação e formação para este contingente, que o libere, em vez de colocá-lo, quer seja por ausência quer seja por manipulação, a serviço de idéias e procedimentos que o excluem e aprisionam ainda mais, mantendo o povo brasileiro afastado de sua possibilidade concreta de redenção.

Os militares traçam e defendem fronteiras – são os feitores da pátria!

Os políticos estabelecem as formas de governo e representação – legislam e governam – são os feitores do país!

Os artistas livres permitem o livre fluxo de seus afetos e reflexões e assim se expressam, dando ao país suas verdadeiras dimensões e características, alargando fronteiras e definindo os sinais capazes de nos identificar.

Os artistas são os feitores e os construtores da nação!

Ainda estamos na verdade no início da verdadeira formação da nação brasileira, pois só agora começamos a pensar e a encarar sem medo a questão cultural e educacional.

Há muito a fazer, pois as conquistas são ainda relativamente pequenas, as resistências ideológico-conservadoras são muito grandes, assim como a arrogância e ignorância de certos setores da inteligência e do pensamento acadêmico brasileiro.

Mas estamos dispostos a continuar insistindo nestes caminhos de transformação política, social e cultural.

Num tempo de desespero, nós continuamos construindo nossa Utopia.

Ainda é muito pouco, diante do tamanho de nossas possibilidades e necessidades, mas continuamos a trabalhar.

Esta é a nossa contribuição.

Anexo 6

ELECTRA
o musical

O CETE e o G.R.E.S.E.P. de Mangueira **convidam Amigos e a Comunidade** para a apresentação de ELECTRA, espetáculo em construção na Quadra da Escola.

Hoje às 21 hs

PETROQUISA

LEI DE INCENTIVO À CULTURA
MINISTÉRIO DA CULTURA

ELECTRA
o musical

O CETE e o G.R.E.S.E.P. de Mangueira *convidam Amigos e a Comunidade* **para a apresentação de ELECTRA, espetáculo em construção na Quadra da Escola.**

Hoje às 21 hs

PETROQUISA

LEI DE INCENTIVO À CULTURA
MINISTÉRIO DA CULTURA

ELECTRA

LIBRETO

APRESENTADOR

SENHORAS E SENHORES
O C.E.T.E. E A COMUNIDADE DE MANGUEIRA
TÊM O PRAZER DE APRESENTAR UMA
TRAGÉDIA, QUE VAI FAZER VOCÊ CHORAR!
ELECTRA... UMA ÓPERA POPULAR...
HÁ MUITOS E MUITOS ANOS NA GRÉCIA
ANTIGA, HAVIA UMA CIDADE MAIS FORTE
QUE ATENAS QUE SE CHAMAVA MICENAS...
SEU REI ERA AGAMENON O GRANDE HERÓI,
COMANDANTE DE TODOS OS GREGOS,
QUE LUTARAM NA GUERRA DE TRÓIA.
RECÉM-CHEGADO DA GUERRA O SENHOR
DOS CAMPOS DE BATALHA, ESTAVA AGORA
NO COLO SINISTRO DA SUA ESPOSA
A RAINHA CLITEMNESTRA...
ELA O ASSASSINOU FRIAMENTE
COMBINANDO COM SEU PRIMO EGISTO... ELE
QUE ALÉM DE CÚMPLICE
ERA TAMBÉM SEU AMANTE
TERIA AINDA MATADO ORESTES...
O PEQUENO PRÍNCIPE HERDEIRO
NÃO FOSSE SUA IRMÃ MAIS VELHA
A PRINCESA ELECTRA...
ELA ENTREGOU O MENINO
AO SEU PROFESSOR PRECEPTOR...
QUE O LEVOU PARA BEM LONGE
E SE ENCARREGOU DE EDUCÁ-LO
A SALVO EM OUTRO REINO

VINTE ANOS SE PASSARAM NA CARREIRA
EM MICENAS, EGISTO FEZ ELECTRA
E SUA IRMÃ CRISÓSTEMIS PRISIONEIRAS...

NO REINO DISTANTE, ORESTES,
O PRÍNCIPE EXILADO
SE TORNOU UM JOVEM GUERREIRO...
E AGORA VAI VOLTAR
PARA VINGAR O PAI QUE FOI ASSASSINADO
JUNTO COM O AMIGO PÍLADES
E O VELHO PRECEPTOR
QUER TOMAR DE VOLTA O
QUE LHE PERTENCE POR DIREITO
MAS PRIMEIRO, EM SINAL DE RESPEITO
PRECISAM PEDIR AO DEUS APOLO
PARA DAR A PERMISSÃO
ATRAVÉS DO ORÁCULO DE APOLO
NA CIDADE DE DELFOS
AGORA VAMOS USAR A NOSSA IMAGINAÇÃO
PARA PENETRAR NO FUNDO DE UMA
CAVERNA ESCURA
NO CENTRO DA TERRA,
UM LUGAR DE DAR MEDO EM QUALQUER
CRIATURA
É LÁ QUE A PITONIZA,
SERPENTE E SACERDOTIZA
OS ESPERA PARA JOGAR OS BÚZIOS
E RECEBER O DEUS,
QUE AUTORIZARÁ ORESTES
A FAZER O QUE TEM DE SER FEITO
LÁ EMBAIXO, DENTRO DE SEGUNDOS
ESTAREMOS NO UMBIGO DO MUNDO!

CENA 1

(Orestes, Pílades e o Preceptor, consultam o Oráculo de Delfos)

PITONISA
AQUELES
QUE CONSULTAM
O ORÁCULO DE DELFOS
SABEM AS CONSEQÜÊNCIAS
DAS SUAS REVELAÇÕES?

ORESTES, PÍLADES E PRECEPTOR
SABEMOS! SABEMOS!

PITONISA
FILHO DE AGAMENON
VOLTARÁS À CIDADE QUE TE PERTENCE
(A CIDADE QUE TE PERTENCE)
QUE SÓ CONHECES
NA MEMÓRIA DOS TEUS SONHOS
NA TUMBA DO TEU PAI
DEVES FAZER UM TRABALHO
COM A MECHA DO TEU CABELO
(COM A MECHA DO TEU CABELO)

ORESTES
COMO PODEREI CASTIGAR
OS ASSASSINOS DE MEU PAI?

PITONISA
COM TRUQUES E TRAIÇÕES
MAS COM TUAS PRÓPRIAS MÃOS
VÁ... JÁ CHEGOU A HORA

CENA 2

(Os três heróis enfrentam a tempestade até chegar em Micenas)

CORO
ENFRENTANDO A TEMPESTADE
OS TRÊS CAVALEIROS ERRANTES
SE APROXIMAM DA CIDADE
QUE TEM COMO GOVERNANTE
UM TIRANO MALSINADO
QUE MANTÉM A DURAS PENAS
O POVO ESCRAVISADO
NA CIDADE DE MICENAS

PRECEPTOR
AGORA FILHO DE AGAMENON
UMA FESTA PRA TEUS OLHOS
TUA CIDADE: MICENAS!

ORESTES
MICENAS MINHA QUERIDA
CIDADE DOS MEUS SONHOS
QUANTOS LAMENTOS TRISTONHOS
QUANTAS NOITES DE INSÔNIA
PASSEI PENSANDO EM TI
DESDE A NOITE DA DESGRAÇA
AQUI MESMO NESTA PRAÇA
MINHA IRMÃ SALVOU-ME A VIDA
ME ENTREGANDO AO AMIGO
FIEL QUE TRAGO COMIGO
QUE ME LEVOU PARA LONGE
NUNCA MAIS EU VI VOCÊ
NUNCA MAIS TE ESQUECI
SOU TEU FILHO QUE VOLTOU
PRA FICAR, PRA FICAR
POIS EU QUERO REAVER O MEU
LUGAR NO TRONO DO MEU PAI
SIM AGORA EU VOLTEI
PRA FICAR, PRA FICAR
VOU DA MORTE DO MEU PAI
ME VINGAR, ME VINGAR
E MICENAS MEU AMOR
FOI UM DEUS QUE AUTORIZOU
HOJE EU VOU TE LIBERTAR

PRECEPTOR
AGORA O SOL JÁ VEM SAINDO
PARA ACORDAR O DIA
VAMOS CUIDAR
DO QUE TEMOS QUE CUIDAR
VAMOS LUTAR

ORESTES
(Ao Preceptor)

    ENTRE NO PALÁCIO COMO MENSAGEIRO
    NINGUÉM O RECONHECERÁ
    DEPOIS DE TANTOS ANOS
    TEREM SE PASSADO
    INVENTE UMA ESTÓRIA CHEIA DE
    ASTÚCIA
    DIGA QUE, COBERTO DE GLÓRIA
    EU MORRI DESPEDAÇADO
    NA MAIOR CORRIDA DE CARROS DA
    GRÉCIA
    (A Pílades)
    VAMOS PÍLADES, É HORA
    VAMOS PÍLADES, AGORA
    VOU ORAR NA TUMBA DO MEU PAI
    AGAMENON
    E DEIXAR A MECHA DE CABELO
    COMO O ORÁCULO MANDOU
    O TEMPO É SENHOR
    VAMOS CUIDAR
    DO QUE TEMOS QUE CUIDAR

(Ouve-se o rufar de tambores. O Preceptor entra no palácio. Orestes e Pílades se disfarçam e saem. A guarda de Egisto aparece na praça e entra no palácio. O povo de Micenas entra sorrateiramente e invoca o Deus Apolo)

CORO
    PROTEGEI-NOS APOLO
    DOS CANALHAS
    QUE TOMARAM O PODER
    DESSA CIDADE
    CLITEMNESTRA ASSASSINA DE
    AGAMENON
    QUE ERA SEU MARIDO E NOSSO REI
    TENDO POR CÚMPLICE O
    AMANTE EGISTO
    ESSA MULHER MATOU O NOSSO SOL
    DENTRE OS FILHOS DO REI ASSASSINADO
    SOBRARAM DUAS IRMÃS ESCRAVIZADAS,
    CLISÓSTEMIS
    QUE CURVA-SE AO SEU FADO
    E ELECTRA
    QUE AINDA CLAMA POR VINGANÇA
    POR ESPERANÇA QUE
    REGRESSE ORESTES
    O ÚNICO VARÃO DA DINASTIA
    PARA VINGAR OS CRIMES COMETIDOS
    PROTEGEI-O APOLO DEUS DO SOL
    PARA QUE ESSES CANALHAS
    NÃO MAIS POSSAM
    CONTEMPLAR VOSSO BRILHO
    DE ESPLENDOR
    PROTEGEI-NOS SENHOR
    DE TODA LUZ
    VINDE VINGAR
    E NOS LIVRAR DA DOR
    APOLO...APOLO...APOLO

(Ouve-se um grito de angústia. É Electra que sai do palácio)

ELECTRA
    AI DE MIM...
    AI DE MIM...
    LUZ, DIVINA LUZ QUE BRILHA
    NOITE MORTA PELA MADRUGADA
    TRAGO MEUS LAMENTOS E MEUS AIS,
    ROMPO O PEITO ATÉ SANGRAR AFLITO
    EM MINHA CAMA AGONIADA
    LONGAS HORAS DE VIGÍLIA AI...
    LÁGRIMAS ROLADAS POR MEU PAI
    E NÃO HÁ SENÃO MINHA VOZ A CLAMAR
    COMO UM ALBATROZ QUE PERDEU
    OS FILHOTES
    EU GRITO, EU GRITO!
    POR ESSA LUZ QUE ME ILUMINA
    TODAS AS FÚRIAS ASSASSINAS
    VENHAM PRA VINGAR
    A MORTE DE MEU PAI
    E ME TRAGAM DE VOLTA ORESTES,
    MEU IRMÃO
    NÃO CONSIGO SOZINHA SUPORTAR
    ESSA CARGA DE AFLIÇÃO

CORO
　NÃO SE DESEPERE QUERIDA
　O FILHO DO REI NÃO ESQUECEU
　COMO UM PÁSSARO PERDIDO QUE NÃO
　POUSA, VOANDO EM DESESPERO PELO CÉU

ELECTRA E CORO
　ELE QUER VOLTAR, EU SEI
　ELE QUER VOLTAR, MAS NÃO OUSA
　ORESTES... ORESTES... ORESTES...

CORO
　QUANDO O INIMIGO É MUITO FORTE, NÃO
　SE DEVE PERDER
　A NOÇÃO DO PERIGO
　NÃO SE DESAFIA A PRÓPRIA MORTE
　OUÇA UM CONSELHO AMIGO

ELECTRA
　EGISTO ESTÁ FORA DO PALÁCIO
　POR ISSO EU TIVE A AUDÁCIA
　DE SAIR DO MEU CONFINAMENTO
　E GRITAR MINHA INSATISFAÇÃO

CORO
　DE SAIR DO SEU CONFINAMENTO E
　GRITAR SUA INSATISFAÇÃO
　ÔÔÔ
　SUA IRMÃ CRISÓSTEMIS CHEGOU

(Entra Crisóstemis)

CRISÓSTEMIS
　MINHA IRMÃ
　CHEGA DE LAMÚRIAS E LAMENTAÇÕES
　GUARDA TUA FÚRIA NÃO É SÃ
　ELA SÓ VAI NOS TRAZER COMPLICAÇÕES
　NADA VAI MUDAR A NOSSA CONDIÇÃO
　ACHA QUE TAMBÉM JÁ NÃO SOFRI
　MAS NÃO VOU LUTAR
　SE NÃO VOU VENCER
　PORQUÊ VOCÊ INSISTE EM RESISTIR?

ELECTRA
　VOCÊ NÃO TEM VERGONHA DE ESQUECER
　O NOSSO PAI, O NOSSO REI?
　E TOMAR PARTIDO NAS MALDADES
　DA SUA MÃE
　VOCÊ SÓ FAZ CRIAR DIFICULDADES
　ALÉM DE ESCRAVAS DEVEMOS SER
　COVARDES?

CORO
　ÔÔÔÔÔ
　AS DUAS TÊM UM POUCO DE RAZÃO
　ÔÔÔÔÔ
　VAMOS ACABAR COM A DISCUSSÃO

CRISÓSTEMIS
　CUTUCA A FERA COM VARA CURTA
　QUE O TEU CASTIGO VEM A CAVALO

ELECTRA
　JÁ SUPORTEI ESSA DOR
　NÃO PODE HAVER DOR MAIOR
　O QUE DE PIOR PODE ACONTECER
　COMIGO?

CRISÓSTEMIS
　SERÁS TRANCADA NA MASMORRA
　E NÃO VERÁS A LUZ DO DIA
　ENCLAUSURADA
　ATÉ QUE MORRA DE AGONIA

ELECTRA
　ESTÁ DECIDIDO?

CRISÓSTEMIS
　ESTÁ

ELECTRA
　E QUANDO SERÁ?

CRISÓSTEMIS
　SERÁ...ASSIM QUE O USURPADOR CHEGAR

(Electra desmaia, no seu desespero, sonha com a volta de Egisto)

CENA 3
O pesadelo

(Egisto aparece com seus esbirros)

EGISTO
EU MATEI O SEU REI
AGORA SOU O SEU SENHOR
QUEM VAI VIVER, QUEM VAI MORRER
QUEM DECIDE SOU EU
SOU SEU PIOR PESADELO
VOU PASSAR POR CIMA DE VOCÊS
COM MEUS LINDOS CAVALOS
VOU ESMAGAR SEU CORAÇÃO
EU SOU EGISTO PRÍNCIPE DO MAL
VIM A ESTE MUNDO
PRA FAZER PIOR
PRATICO O MAL
PRATICAMENTE SEMPRE
EU MATO, ESFOLO, COBRO
E MOSTRO O PAU
EU QUERO A MORTE DOS MEUS INIMIGOS
DE TUDO QUE SE INSURJA CONTRA MIM
EU SOU O REI DE TODAS AS MULHERES
NENHUM DINHEIRO PAGA
O MEU PRAZER
EU SOU EGISTO PRÍNCIPE DO MAL
VIM DAR-VOS A VOSSA MAIOR DESGRAÇA
A GRAÇA DE VIVER EM DESESPERO
A GRAÇA DE VIVER O MEU TERROR!

(Electra volta a si. Egisto desaparece. Ela está de novo na praça)

CENA 4

(Crisóstemis vai saindo)

CRISÓSTEMIS
AGORA EU VOU ANDANDO

ELECTRA
ONDE VOCE VAI INDO?
PARA QUEM SÃO AS OFERENDAS?

CRISÓSTEMIS
PELO QUE SEI
SÃO LIBAÇÕES DA NOSSA MÃE
PRO NOSSO PAI, FINADO REI

ELECTRA
E PRA QUE LIBAÇÕES
PRO HOMEM QUE ELA MATOU
POR QUE SERÁ QUE ELA ESTÁ
FAZENDO ISTO?
PRESENTES NÃO LIMPARÃO
AS SUAS MÃOS

CRISÓSTEMIS
ELA TEVE UM SONHO SINISTRO
VIU DE PÉ AO SEU LADO
NOSSO PAI RESSUSCITADO
NOSSO PAI RESSUSCITADO
FINCOU NO CHÃO SEU BASTÃO
E DE TODO LADO DE REPENTE
GALHOS IMENSOS BROTARAM
DE UM IMENSO CEDRO COPADO
COM UMA SOMBRA GIGANTE
QUE COBRIU MICENAS DE MEDO

ELECTRA E CORO
É O SINAL DA VONTADE DIVINA
ESSA MULHER DESLEAL E ASSASSINA
VAI PAGAR O SEU PECADO
VAI PAGAR O SEU PECADO

ELECTRA
JOGUE FORA O DESPACHO QUE
TROUXESTE
OFEREÇA UMA MECHA
DE SEUS CABELOS
VAMOS ORAR POR NOSSO PAI
E POR ORESTES
E NOSSA MÃE QUE TENHA MUITOS
PESADELOS

CORO
TUA IRMÃ, FALA COM A VOZ
QUE VEM DO CORAÇÃO

OUÇA, VOCÊ NUNCA ESCUTOU
FAÇA DO JEITO QUE ELA LHE MANDOU

CRISÓSTEMIS
PODE DEIXAR EU VOU FAZER
NÃO SE PODE NEGAR UM DEVER
MAS EU VOU PEDIR
O SILÊNCIO DE VOCÊS
MINHA MÃE NÃO PODE SABER

(Crisóstemis sai)

CORO
SE BEM ENTENDEMOS
O SONHO É A VOZ
DA JUSTIÇA DIZENDO QUE LOGO ESTARÁ
ENTRE NÓS
QUE O MACHADO DE DOIS GUMES
AINDA NÃO DESCANSOU
A LUXÚRIA, O ASSASSINATO
E A PROFANAÇÃO DO LEITO NUPCIAL
SERÃO LIMPOS E AFINAL
SE VERÁ A PERDIÇÃO DOS CULPADOS
A VOLTA POR CIMA
MAS ATENÇÃO... A RAINHA SE APROXIMA

CENA 5

(No átrio do palácio Clitemnestra entra com suas escravas)

CLITEMNESTRA
ESSE SEU PAI, POR QUEM VOCÊ
NÃO PARA DE CHORAR
FEZ UMA COISA
QUE NENHUM GREGO OUSOU EXECUTAR
SACRIFICOU AOS DEUSES, EFIGÊNIA
A MINHA FILHA QUERIDA
QUE DIREITO ELE TINHA DE TIRAR
DA NOSSA FILHA A VIDA
ESSE SEU PAI
FOI IMPLACÁVEL E INSENSÍVEL
SER UM PAI ASSIM É POSSÍVEL?
CHORAR POR ESSE HOMEM É PERVERSÃO
ENTÃO AQUI DE NOVO ESTÁ VOCÊ
APROVEITANDO A AUSÊNCIA DE EGISTO,
QUE QUANDO ESTÁ AQUI NÃO ACHA JUSTO
QUE VOCÊ SAIA DE CASA PRA OFENDER
OS AMIGOS, A FAMÍLIA,
A TRADIÇÃO
SEM PRA ISTO TER SEQUER RAZÃO
DIZ QUE SOU CRUEL E TIRANA
QUE MATEI SEU PAI COVARDEMENTE
QUE MATEI NÃO VOU NEGAR
MAS VOCÊ MENTE QUANDO DIZ
QUE EU NÃO TINHA MINHAS RAZÕES
PORQUE NÃO O MATEI SOZINHA
FOI A JUSTIÇA
QUE GUIOU AS NOSSAS MÃOS

ELECTRA
GOSTARIA DE FALAR SOBRE JUSTIÇA
SE VOCÊ ME DER LICENÇA

CLITEMNESTRA
SE ME FALASSE NESSE TOM
NÃO DEIXARIA DE OUVI-LA SEMPRE

ELECTRA
VOCÊ RECONHECEU ABERTAMENTE
QUE MATOU MEU PAI AMADO
E DIZ QUE A JUSTIÇA
AI QUE MENTIRA
ESTAVA TODA DO SEU LADO
QUERO ENTENDER
MAS NÃO CONSIGO
VOCÊ TAMBÉM
MERECIA IGUAL CASTIGO
VOCÊ NÃO TEM VERGONHA
DE DEITAR, NA CAMA DO ASSASSINO DO
SEU REI
DO PAI DA TUA FILHA QUE MORREU
POR UMA CAUSA ESPECIAL
UM DIA DESTES VAI VOLTAR
O TEU MENINO
VIRÁ ORESTES PELAS CURVAS DO
DESTINO

PARA EXTERMINAR OS ASSASSINOS
VIRÁ VINGAR
E ACABAR COM TODO O MAL

CLITEMNESTRA
CRIATURA INSOLENTE,
VOCÊ VAI PAGAR
SERÁ CASTIGADA
QUANDO EGISTO VOLTAR
QUANDO EGISTO SOUBER
EU TE DEIXEI FALAR
SUPORTEI OS SEUS ABUSOS
AGORA CHEGA
TENHO UMA OFERENDA PRA FAZER

ELECTRA
VÁ EM FRENTE SUA LOUCA
COM SEU CORAÇÃO CONFUSO
CALO MINHA BOCA
NÃO TENHO MAIS NADA A LHE DIZER

CLITEMNESTRA/CORO
VAMOS ORAR
AO SENHOR DESTE ALTAR
VAMOS ORAR Ê Ê, VAMOS ORAR

CLITEMNESTRA (Sussurrando)
APOLO OUÇA MINHA PRECE
NÃO POSSO FALAR MUITO ALTO
ESTOU CERCADA DE INIMIGOS
QUE QUEREM ACABAR COMIGO
NÃO FALO BAIXO POR QUE QUERO
SEI QUE TU VAIS ENTENDER

CLITEMNESTRA/CORO
VAMOS ORAR
AO SENHOR DESTE ALTAR
VAMOS ORAR Ê Ê, VAMOS ORAR

CLITEMNESTRA (Sussurrando)
APOLO MEU SENHOR
SE FOR PARA O MEU BEM
QUE O SONHO QUE SONHEI
SE REALIZE COMO CONVÉM
MAS SE FOR PARA O MEU MAL
QUE A URUCUBACA VOLTE
SOBRE QUEM MANDOU PRA MIM
MESMO QUE SEJAM MEUS PRÓPRIOS
FILHOS NO FIM
QUE EU TENHA UMA VIDA
LONGA E FELIZ
SENDO RAINHA DESTA CASA
E DESTE SEU PAÍS

CLITEMNESTRA E CORO
VAMOS ORAR
AO SENHOR DESTE ALTAR
VAMOS ORAR Ê Ê, VAMOS ORAR

(Entra o Preceptor)

PRECEPTOR
ESTOU NO PALÁCIO DO REI?

CORO
SIM É O PALÁCIO DE EGISTO

PRECEPTOR
E ESTA SENHORA É SUA ESPOSA
A RAINHA PELO VISTO

CORO
SIM SENHOR
É A ESPOSA DE EGISTO

PRECEPTOR
TRAGO BOAS NOTÍCIAS SENHORA
SEU NOBRE FILHO ORESTES MORREU

ELECTRA
AI DE MIM CRIANÇA QUERIDA

CLITEMNESTRA
NÃO LIGA PRA ELA, NÃO LIGA

ELECTRA
AI DE MIM ISSO NÃO ACONTECEU

CLITEMNESTRA
VÁ CUIDAR DE SUA VIDA
ORESTES MORREU COMO ME DIGA

PRECEPTOR
ORESTES FOI PARTICIPAR
DA MAIS FAMOSA CORRIDA
DE CARROS DE TODA A GRÉCIA
NÃO HOUVE COMPETIÇÃO
QUE ELE NÃO TIVESSE GANHO
TODOS ALI O APLAUDIAM
E GRITAVAM QUANDO O VIAM

PRECEPTOR E CORO
ESTE É ORESTES FILHO DE AGAMENON
NOSSO HERÓI
COMANDANTE DOS GREGOS EM TRÓIA

PRECEPTOR
E CHEGOU O DIA FATAL
SOARAM CLARINS DE BRONZE
ERAM ONZE GUERREIROS, ONZE
EM SEUS CARROS DE CRISTAL
PUXADOS POR BELOS CAVALOS
OS ONZE GUERREIROS GRITANDO
MANEJANDO SUAS RÉDEAS
COM AGULHÕES INCITANDO
OLHA A POEIRA!
COBRINDO A ARENA!
NO GALOPE DAS PARELHAS
UM CARRO BATEU
NA CURVA DO ESTÁDIO
COM OUTRO CARRO VELOZ
LEVANDO JUNTO OS DOIS
MAIS UM CARRO QUE PASSAVA
DEPOIS UM OUTRO E MAIS OUTRO
E MAIS OUTRO
QUEM VIA NÃO ACREDITAVA
NAQUELE MAR DE DESTROÇOS
E CORPOS EM PEDAÇOS
ORESTES CONSEGUIU
PASSAR A SALVO
SEGUIDO APENAS
POR UM JOVEM DE ATENAS

AGORA ERAM DUAS PARELHAS SÓ
CABEÇA COM CABEÇA
O POVO INTEIRO ÓH!

CORO E PRECEPTOR
ÔÔÔ ORESTES FILHO DE AGAMENON
NOSSO HERÓI
COMANDANTE DOS GREGOS EM TRÓIA

PRECEPTOR
CHEGOU A HORA FATAL
A MORTE NÃO MANDA AVISO
A RODA DO CARRO DE ORESTES
RASPOU NA BALISA
EMBARAÇADO NAS RÉDEAS
NOSSO HERÓI FOI LANÇADO
ARRASTADO NA LAMA
PELOS CORCÉIS EM DISPARADA
OLHA A POEIRA!
COBRINDO O MENINO
NUM GALOPE ASSASSINO
CARRO BATEU
NA CURVA DO ESTÁDIO
MATANDO ORESTES DE VEZ
SEU CORPO TÃO DEFORMADO
QUE NINGUÉM RECONHECIA
POVO TODO CHORAVA E CHORAVA
QUEM VIA NÃO ACREDITAVA
SEU HERÓI QUE MORRIA
E SILENCIARAM DE AGONIA
NUMA URNA LACRADA
DOIS HOMENS TRARÃO AS CINZAS
DO JOVEM GUERREIRO ADORADO
ESTA É A MINHA HISTÓRIA
HISTÓRIA TRISTE DE OUVIR
E AINDA MUITO MAIS TRISTE
PRA QUEM VIU ACONTECER

CORO E PRECEPTOR
COM ORESTES FILHO DE AGAMENON,
NOSSO HERÓI
COMANDANTE DOS GREGOS EM TRÓIA

CLITEMNESTRA
SERÁ UMA BOA NOVA

OU SERÁ UMA MALDADE
TER A VIDA SALVA
PELA INFELICIDADE

PRECEPTOR
EU NÃO IMAGINAVA
QUE UMA TAL NOTÍCIA
PUDESSE LHE TRAZER
TAMANHA DOR
MINHA NARRATIVA
OSSOS DO OFÍCIO
ME PERDOE DE NADA ADIANTOU

CLITEMNESTRA
ADIANTOU É CLARO QUE ADIANTOU
NÃO PENSE QUE SOU LOUCA
Ó NÃO SENHOR
PRA MIM FOI MUITO ÚTIL
DIGO SEM PUDOR
QUE BOM QUE ELE FOI
DESSA PRA MELHOR
SAIU DE DENTRO DE MIM
MAS CEDO SE FOI
NO DIA EM QUE O PAI MORREU
HÁ VINTE ANOS
SE EXILOU EM TERRAS DE OUTRO REI
E JUROU VINGANÇA AOS ASSASSINOS
HOJE ESTOU LIVRE
DA SUA JUSTICEIRA MÃO
TAMBÉM DAS AMEAÇAS DE ELECTRA
QUE FEREM O MEU CORAÇÃO
DESCULPE
MAS ESTOU ACHANDO GRAÇA
O VINGADOR AGORA É ASSOMBRAÇÃO

ELECTRA
GOZE, GOZE SUA VITÓRIA
INSULTE MEU POBRE IRMÃO

CLITEMNESTRA
SE O SENHOR CONSEGUISSE
FAZÊ-LA CALAR A BOCA
GANHARIA UM BOM DINHEIRO

PRECEPTOR
A VIAGEM É LONGA, VOU ANDANDO
VOLTO PARA O ESTRANGEIRO

CLITEMNESTRA
NÃO AINDA NÃO
VAMOS ENTRAR NO PALÁCIO PRIMEIRO
ELA QUE FIQUE CHORANDO EM VÃO
POR AQUELE MONTE DE POEIRA

(Clitemnestra sai com o Preceptor)

ELECTRA
ELA RIU E FOI-SE EMBORA
É ISSO O AMOR MATERNO?
O QUE VOU FAZER AGORA
NÃO QUERO VIVER NESTE INFERNO
CADÊ O SOL E OS RAIOS DO CÉU
SE ME MATAM ME FAZEM UM FAVOR
VIDA PRA MIM AGORA É FEL
SOMENTE FEL SOFRIMENTO E DOR

CORO
CHEGA DESSA AGONIA
TODOS NÓS
VAMOS MORRER UM DIA

(Entra Crisóstemis animada)

CRISÓSTEMIS
ELECTRA QUERIDA IRMÃ
NOSSA VIDA VAI MUDAR
TRAGO BOAS NOVIDADES

ELECTRA
NADA PODE ME CURAR

CRISÓSTEMIS
ORESTES VOLTOU É VERDADE

ELECTRA
VOCÊ FICOU LOUCA
OU QUER ME PUNIR
POR MALDADE

CRISÓSTEMIS
    VAI OUVIR DA MINHA BOCA
    O QUE VI
    NA TUMBA DE PAPAI ESTA TARDE
    FLORES POR TODA PARTE
    NUMA SANTA OFERENDA EM DEVOÇÃO
    LEITE DERRAMADO
    COM ARTE E AMOR
    E NUMA FENDA DA PEDRA A
    CONFIRMAÇÃO
    UMA MECHA DE CABELO
    DA MESMA COR
    QUE SÓ PODE SER DE NOSSO IRMÃO

ELECTRA
    ELE MORREU MINHA IRMÃ

CRISÓSTEMIS
    E QUEM LHE CONTOU ISSO

ELECTRA
    ALGUÉM QUE ESTAVA COM ELE

CRISÓSTEMIS
    E ONDE ESTÁ ESTE ALGUÉM?

ELECTRA
    COM A NOSSA MÃE
    COMEMORANDO

CRISÓSTEMIS
    E ESTA MECHA QUE EU VI É DE QUEM?

ELECTRA
    DE ALGUÉM QUE ESTAVA
    A MEMÓRIA DE ORESTES HONRANDO

CRISÓSTEMIS
    AGORA TUDO OUTRA VEZ
    VOLTOU A SER DESALENTO

ELECTRA
    TALVEZ SE POSSA ACABAR
    COM TODO ESTE SOFRIMENTO
    TENHA CORAGEM VOU LHE CONTAR OS
    MEUS PLANOS
    VOCÊ BEM SABE,
    DEPOIS DE TODOS ESSES ANOS
    NÃO TEMOS MAIS UM SÓ AMIGO
    DE CONFIANÇA
    AGORA QUE ORESTES SE FOI
    FAÇA VALER O SANGUE GUERREIRO DE
    SEU PAI
    VAMOS LAVAR A NOSSA HONRA
    COM VINGANÇA

CORO
    CUIDADO, CUIDADO, CUIDADO

ELECTRA
    O QUE ESTAMOS ESPERANDO?
    TEREMOS UMA VIDA RESSENTIDA
    ESTAREMOS SEMPRE CHORANDO
    A HERANÇA PATERNA PERDIDA
    O TIRANO NÃO VAI NOS DEIXAR CASAR
    NÃO QUER VER NOSSO SANGUE
    PERPETUAR
    SEREMOS DUAS SOLTEIRONAS
    MAL AMADAS
    NÃO PODEMOS
    CONCORDAR COM ISTO
    TEMOS QUE MATAR EGISTO
    ISSO INCLUI MATAR TAMBÉM
    NOSSA MÃE DESNATURADA
    NÃO PODEMOS NOS ACOVARDAR
    CUMPRINDO COM O NOSSO DEVER
    OS HOMENS VÃO NOS ADMIRAR
    E CANTAR E DIZER

CORO E ELECTRA
    ESTAS MULHERES
    SÃO AS FILHAS DE AGAMENON
    NOSSO HERÓI
    COMANDANTE DOS GREGOS
    EM TRÓIA

ELECTRA
    VAMOS MINHA IRMÃ QUERIDA
    DIGA SE ME APÓIA OU NÃO
    VAMOS DAR UM FIM

À NOSSA VERGONHA
POIS É IMENSA A VERGONHA
DAS FILHAS DE AGAMENON

CRISÓSTEMIS
VERGONHA É FICAR CHORANDO
CAIA NA REALIDADE
NÓS SOMOS APENAS DUAS MULHERES
ELE É O REI DE TODA ESTA CIDADE
O QUE OUVI DE VOCÊ,
DAQUI JAMAIS PASSARÁ
AINDA NÃO É TARDE DEMAIS PARA
APRENDER

CORO
NÃO SE ALIMENTA QUERIDA
UM ÓDIO ASSIM NO CORAÇÃO
COMO UM PÁSSARO PERDIDO QUE SE ENCONTRA
SUA MÃE DEVIA TER O SEU PERDÃO

CRISOSTEMIS
NÃO ADIANTA ARGUMENTAR
SE QUER SE MATAR
VÁ MAS NÃO CONTE COMIGO

ELECTRA
JÁ ESPERAVA ESTA RESPOSTA
E A TUA RAZÃO É MESQUINHA
QUEM TEM MEDO DE PERDER
NÃO APOSTA
VOU FAZER TUDO SOZINHA
PORQUE SOU ELECTRA
FILHA DE AGAMENON NOSSO HERÓI
COMANDANTE DOS GREGOS EM TRÓIA

(Crisóstemis sai. Electra desaba)

CORO
SE ATÉ OS PÁSSAROS NO AR
SABEM CUIDAR COM DESVELO
DO SEU NINHO E DOS FILHOTES
PORQUE NÃO PODEMOS FAZÊ-LO
EM VEZ DE NOS ENTREMATAR?
QUE A TERRA MANDE OS MORTOS
QUE ANDAM A ESMO
EM BUSCA DE PAZ
PARA O MESMO LUGAR AONDE JAZ
AGAMENON NOSSO HERÓI
PARA LHE DIZER COMO DÓI
O PESO DESSA VEGONHA
PRA LHE DIZER QUE AGORA
SOMENTE ELECTRA CHORA
PEDE A MORTE ANTES DA HORA
PÁSSAROS DO ENTARDECER
ELA NÃO PODE ESQUECER
DE SER LEAL COM OS DEUSES
E AS ETERNAS LEIS NATURAIS
PÁSSAROS DO ENTARDECER
NÃO DEIXEM ELA MORRER
E COM ELA OS SEUS IDEAIS

(Entra Orestes com Pilades)

ORESTES
É ESTE O PALÁCIO DO REI?

CORO
SIM É O PALÁCIO DE EGISTO

ORESTES
TRAZEMOS CONOSCO UMA OFERTA

ELECTRA
O QUE TRAZ NA MÃO?
O QUE É ISTO?

ORESTES
NESTA URNA TRAGO AS CINZAS DE ORESTES

ELECTRA
AI DE MIM É A CONFIRMAÇÃO

ORESTES
DE QUEM É ESTA GRANDE EMOÇÃO?

ELECTRA
DE ELECTRA FILHA DE AGAMENON
AS CINZAS SÃO DE MEU IRMÃO

ORESTES (A PÍLADES)
VÊ COMO DÓI UM AMOR DESPEDAÇADO
É PRECISO RESPEITAR, ME SINTO
OBRIGADO
DEIXE QUE ELA SEGURE A URNA UM
BOCADO

ELECTRA
ORESTES, MEU QUERIDO,
MEU AMADO
DENTRO EM POUCO A ESCURIDÃO
NOTURNA CAIRÁ SOBRE NÓS.
NESTA URNA ESTÁ
O QUE RESTOU DA MINHA ESPERANÇA
ERA VOCÊ AINDA UM MENINO TÃO
BONITO
NAQUELE DIA MALDITO
EU TE SALVEI DA CRUELDADE
TIVESSE EU MORRIDO
NÃO TERIA TIDO ESTA INFELICIDADE
EU COSTUMAVA CUIDAR DE VOCÊ
EU TE DEI MEU CORAÇÃO
AMOR QUE NÃO CHEGA A UM PORTO
POIS TE VEJO AGORA
APENAS CINZAS E NADA MAIS
TEU PAI ESTÁ MORTO,
EM BREVE EU TAMBÉM ESTAREI
É DOR DEMAIS

CORO
PÁSSAROS DO ENTARDECER
CARREGUEM ESTA DOR PARA LONGE
LEVEM ESTA DOR EMBORA

ORESTES
A EMOÇÃO ME SUFOCA E AGORA?
PRECISO ME PROTEGER MAIS AONDE?
NÃO CONSIGO MAIS ME CONTER
Ó DEUS TENHO QUE FALAR

ELECTRA
O SENHOR ESTÁ INQUIETO, O QUE HÁ?

ORESTES
TENHO PENA, SENHORA

ELECTRA
É O ÚNICO. NÃO TENHO NINGUÉM AGORA
SERÁ O SENHOR MEU PARENTE?

ORESTES
POSSO CONFIAR NESSA GENTE?

ELECTRA E CORO
É GENTE AMIGA PODE CONFIAR

ORESTES
ME DEVOLVE A URNA, EU VOU FALAR

ELECTRA
ISSO NÃO!
É TUDO O QUE EU AMO NA VIDA

ORESTES
ME DEVOLVE A URNA QUE EU FALO EM
SEGUIDA

ELECTRA
QUERIDO ORESTES O QUE POSSO FAZER?
NEM TUAS CINZAS VOU PODER ENTERRAR

ORESTES
NÃO FALE DE MORTE, NEM FALE DE
ENTERRO CHORAR POR ORESTES É UM
ERRO

ELECTRA
MEU IRMÃO ESTÁ MORTO
E NÃO POSSO CHORAR
NEM SUAS CINZAS POSSO ENTERRAR

ORESTES
ESTÁ VIVO, NÃO CHORA

ELECTRA
O QUE É QUE VOCÊ ESTÁ DIZENDO RAPAZ?

ORESTES
A VERDADE

ELECTRA
ESTÁ VIVO?

ORESTES
TENHO CARA DE MORTO?

ELECTRA
É VOCÊ?
VOCÊ É ELE?
É VOCÊ DE VERDADE?

ORESTES
ESTOU VIVO
EU MESMO NA FLOR DA IDADE
COM O ANEL DE MEU PAI PARA
CONFIRMAR

ELECTRA
QUE LUZ! QUE ALEGRIA! QUE BELO DIA!

ORESTES
PRA MIM TAMBÉM É! TAMBÉM É

ELECTRA
TUA VOZ É ASSIM?

ORESTES
SEMPRE SERÁ CHEGA DE AGONIA

CORO
SALVE OS IRMÃOS FILHOS DE AGAMENON
NOSSO HERÓI
COMANDANTE DOS GREGOS EM TRÓIA
PÁSSAROS DO ENTARDECER
ELA VAI SOBREVIVER
E COM ELA SEUS IDEAIS

ORESTES
MAS POR ENQUANTO ATENÇÃO
NOSSA HORA AINDA NÃO CHEGOU

ELECTRA
MINHA HORA É AGORA
A ESPERANÇA VOLTOU

ORESTES
CUIDADO PRA NÃO PERDER
O QUE ACHOU
NÃO DEIXE QUE NOSSA MÃE
VEJA ALEGRIA EM SEU ROSTO
PRA NÃO PROVAR O DESGOSTO
DE VER NOSSO PLANO FALHAR
NÃO PODEMOS NOS PRECIPITAR
CANTANDO NOSSA VITÓRIA
EM NOME DE NOSSA GLÓRIA
PRECISAMOS DISFARÇAR

ELECTRA
JÁ TINHA ME DECIDIDO
A MATAR EU MESMA AQUELA MEGERA
E SEU AMANTE EGISTO
CUMPRINDO MEU DESTINO
COM VOCÊ POR PERTO AGORA
TE OBEDEÇO NÃO INSISTO
FAÇO O QUE VOCÊ MANDA E ESPERO A
HORA

(O Preceptor sai do palácio)

PRECEPTOR
VOCÊS ESTÃO FICANDO LOUCOS OU O
QUÊ?
NÃO VÊEM QUE ESTÃO CORRENDO
GRANDE PERIGO

ELECTRA
E ESTE VELHO QUEM É?

ORESTES
NÃO O RECONHECE!
É O MEU SALVADOR

ELECTRA
PELOS DEUSES, É O PRECEPTOR!
CARO AMIGO QUE GRANDE ALEGRIA
DEIXE CHAMÁ-LO DE PAI AMADO PAI,
POIS NUM SÓ DIA TE ODIEI E TE AMEI, AI...
TUA VOLTA É UMA ALEGRIA

PRECEPTOR
MINHA SENHORA QUANDO A VI
MINHA EMOÇÃO FOI DIFÍCIL DE CONTER
MAS CHEGA DE EUFORIA
VAMOS ENTRAR LOGO
POIS QUALQUER ATRASO
PODE NESTE CASO SER FATAL

ORESTES
POSSO ENTRAR SEM PROBLEMA?
TODOS ACHAM QUE EU MORRI?

PRECEPTOR
CLARO QUE PODE, EU VI
A RAINHA DEITADA SOZINHA
COM APENAS MULHERES AO LADO
TEMOS QUE AGIR COM PRESTEZA
QUANDO EGISTO VOLTAR
TUDO ESTARÁ ACABADO COM CERTEZA

ORESTES
VAMOS ENTRAR MEUS AMIGOS
É A HORA DA VERDADE
MATAR OU MORRER NÃO IMPORTA
SÓ IMPORTA A LIBERDADE

(Orestes, Pílades, Electra e o Preceptor entram no palácio)

CORO
LIBERDADE, NOSSO SONHO
QUER VIRAR A REALIDADE
AGORA A LUTA E A SEDE DE VINGANÇA
AVANÇAM PARA O FIM INEVITÁVEL
ENTRAM NO MANGUE OS CAÇADORES
PERSEGUINDO OS MALFEITORES
LIBERDADE, NOSSO SONHO
QUER VIRAR A REALIDADE
O DEFENSOR DO MORTO
PENETRA NA CASA VENERÁVEL DE SEU PAI
COM UMA ESPADA AFIADA
QUE NÃO SE CONTÉM NA BAINHA
NA PONTA DA LÂMINA ERECTA
QUASE SE PODE VER
O RUBRO SANGUE DA RAINHA

LIBERDADE, NOSSO SONHO
QUER VIRAR A REALIDADE

(Electra sai do palácio. Clima tenso)

ELECTRA
OUÇAM MINHAS AMIGAS
DAQUI A POUCO ELES VÃO FAZER
O QUE VIERAM FAZER
ESTÃO POR TRÁS DA INIMIGA
DE PÉ EM POSE NORMAL
ENQUANTO ELA SE PREPARA
PARA O FUNERAL
DAQUELE MONTE DE POEIRA
SERÁ FATAL PARA ELA A BRINCADEIRA

CORO
SABEMOS QUE VÃO ATACAR
PORQUE VOCÊ SAIU AFINAL?

ELECTRA
PRA VIGIAR EGISTO VAI VOLTAR
PRA VIGIAR OU NOS PEGA DE SURPRESA

CLITEMNESTRA (DENTRO)
SOCORRO!

Movimentação do coro

ELECTRA
ESTÃO OUVINDO ELA GRITAR?

CORO
SÃO GRITOS HORRÍVEIS
DE DILACERAR O CORAÇÃO

(O coro vive o drama)

CLITEMNESTRA
EGISTO MEU SENHOR AONDE ESTÁ VOCÊ?
ORESTES, MEU FILHO, TENHA PIEDADE
SOU SUA MÃE

ELECTRA
CÊ NUNCA TEVE PIEDADE
NEM DE ORESTES NEM DO PAI

CLITEMNESTRA
AAII! EU MORRO

ELECTRA
MAIS, ORESTES, MAIS
AGORA NÃO TEM MAIS SOCORRO

CLITEMNESTRA
AI

ELECTRA
VAI PRO INFERNO ASSASSINA

CLITEMNESTRA
AI

ELECTRA
DENTRO EM POUCO EGISTO TAMBÉM VAI

CLITEMNESTRA
AI

CORO
VAI PRO INFERNO ASSASSINA

CLITEMNESTRA
AI

CORO
DENTRO EM POUCO EGISTO TAMBÉM VAI

CLITEMNESTRA
AAI, AAAI...

(Pausa. Marcha fúnebre)

CORO
A MALDIÇÃO SE CUMPRE ENTÃO
AS VOZES DOS MORTOS NOS CHEGAM
DO CHÃO ONDE ESTÃO ENTERRADOS
O SANGUE DOS ASSASSINOS
É CHUPADO PELO DOS ASSASSINADOS

(Num carro fúnebre entra o cadáver de Clitemnestra coberto por um pano. Orestes e Pílades estão no carro)

CORO
TRAZEM AS MÃOS ENCARNADAS
COM O SANGUE DO SACRIFÍCIO
CUMPRIRAM COM SEU OFÍCIO
NÃO PODEM SER CONDENADOS

ELECTRA
POR MIM NUNCA SERÃO
DEU TUDO CERTO ENTÃO?

ORESTES
TUDO CERTO
COMO O ORÁCULO MANDOU

ELECTRA
E A MEGERA VOCÊ MATOU?

ORESTES
VOCÊ NÃO VAI MAIS
SOFRER NAS GARRAS DELA
NÃO, NUNCA MAIS

PRECEPTOR (Aparece no alto)
TENHAM MUITO CUIDADO, ATENÇÃO
QUE EGISTO CHEGOU JÁ NA CIDADE

ELECTRA
EU SEI BEM CONTROLAR MEU CORAÇÃO

ORESTES
VAMOS FINGIR
PARA ENGANAR O REI

CORO
    SILÊNCIO, SILÊNCIO

(Todos se colocam em posição disfarçando humildade)
(Ouve-se o tema de Egisto. Os guardas entram ameaçadores. Entra Egisto)

EGISTO
    EU SOUBE QUE MENSAGEIROS
    TROUXERAM A NOTÍCIA FELIZ
    QUE ORESTES MORREU NO ESTRANGEIRO
    ELECTRA O QUE ME DIZ?
    FICOU MUDA DE REPENTE?
    VOCÊ NUNCA FOI MUDA ASSIM
    ANDE LOGO, VOCÊ DEVE SABER

ELECTRA
    QUEM SOU EU?

EGISTO
    ORESTES MORREU OU NÃO MORREU?

ELECTRA
    É A DURA VERDADE
    ATÉ A PROVA TROUXERAM

EGISTO
    O CORPO DE ORESTES! POSSO VER?

ELECTRA
    QUEM PODE, PODE MAS NÃO É COISA
    BONITA

EGISTO (EXULTANTE)
    QUEM PODE, PODE
    E EU POSSO MUITO MAIS
    ABRAM AS PORTAS! MINHA GLÓRIA GRITA
    QUERO QUE O POVO INTEIRO
    VENHA VER
    ESTA COISA QUE NÃO É BONITA!
    QUEM ESTAVA ESPERANDO POR ORESTES
    AGORA VAI DANÇAR A MINHA DANÇA
    MINHA GLÓRIA GRITA E NÃO SE CANSA
    EGISTO VOCÊ PODE MAIS!

    MINHA GLÓRIA GRITA
    EGISTO VOCÊ PODE MAIS!

ORESTES (como sacerdote)
    ACENDAM OS ARCHOTES
    A MORTE ESTÁ CHEGANDO

CORO
    ACENDAM OS ARCHOTES
    A MORTE ESTÁ CHEGANDO

EGISTO (fingindo contrição)
    TIREM ESSE PANO ENTÃO
    NENHUM HOMEM É UMA ILHA
    VOU LHE PRESTAR HOMENAGEM
    AFINAL ELE ERA DA FAMÍLIA

ORESTES
    ESTE PANO É O SR. QUE VAI TIRAR
    VEJA O ROSTO E FAÇA O QUE DESEJAR

EGISTO (Sem aguentar de prazer)
    BENDITO SEJA ZEUS
    QUE VAI ME DAR ESTA VISÃO
    ELECTRA, CHAMA A RAINHA PARA VER

ELECTRA
    NÃO É PRECISO

(Egisto tira o pano do cadáver)

EGISTO
    O QUE É ISTO?

ORESTES
    TUA MULHER, EGISTO!
    EU NÃO MORRI!

EGISTO
    É UMA CILADA, UMA ARMADILHA!
    ORESTES, VOCÊ ME ENGANOU!

ORESTES
    COMO O ORÁCULO MANDOU

COM TRUQUES E TRAIÇÕES
MAS COM MINHAS PRÓPRIAS MÃOS
VÁ! JÁ CHEGOU A HORA!

CORO
COM TRUQUES E TRAIÇÕES
COM NOSSAS PRÓPRIAS MÃOS
É, JÁ CHEGOU A HORA.

(O povo se rebela e ataca os guardas. A luta é sangrenta.)

ORESTES
EGISTO, VOCÊ NÃO TEM MAIS NADA
O TEU REINADO ACABOU

EGISTO
VEJO QUE É O MEU FIM
MAS DEIXE-ME FALAR, POR FAVOR

ELECTRA
NUNCA, FIQUE CALADO!

CORO
TUA HORA CHEGOU, SAFADO!

ELECTRA
ORESTES, AFIA TUA NAVALHA
CORTA O PESCOÇO DO CANALHA!

CORO
À NAVALHA! À NAVALHA!
CORTA O PESCOÇO DO CANALHA!

(Dois rebeldes tiram Egisto do carro e o obrigam a se ajoelhar diante de Orestes)

ORESTES
AGORA ME ACOMPANHE
AO TÚMULO DO MEU PAI

EGISTO
VOCÊ DISSE QUE VAI ME MATAR
PORQUE NÃO AQUI,
PRA TODO MUNDO VER?

ORESTES
VOCÊ VAI MORRER COMO EU QUIZER
VOCÊ NÃO VAI ESCOLHER

(Enquanto o povo canta, Orestes leva Egisto para o sacrifício)

CORO
QUEIRAM OS DEUSES QUE A MORTE,
PUNIÇÃO MERECIDA, NA VERDADE,
ALCANCE TODOS QUE DESAFIAM
AS LEIS ETERNAS, LEIS DA VIDA,
ENCHENDO O MUNDO DE MALDADE

CORO
ÔÔÔÔ
MATA O BODE

(Orestes sacrifica Egisto)

ORESTES
O BODE DA NOSSA MISÉRIA MORREU!

(Coro comemora)

ELECTRA
TÉ QUE ENFIM, É A LIBERTAÇÃO

CORO
TÉ QUE ENFIM É A LIBERTAÇÃO

ORESTES
MICENAS MINHA QUERIDA
CIDADE DOS MEUS SONHOS
QUANTOS MOMENTOS TRISTONHOS
QUANTAS NOITES DE INSÔNIA
PASSEI PENSANDO EM TI
MAS AGORA EU TIVE A GRAÇA
DE AQUI MESMO NESTA PRAÇA
COM A MINHA IRMÃ QUERIDA
JUNTO COM OS MEUS AMIGOS
E COM TODO O POVO UNIDO
DERROTAR A TIRANIA
POIS AGORA EU VOLTEI

PRA FICAR, PRA FICAR
E MEU TRONO CONQUISTEI
O MEU LAR, O MEU LAR
E MICENAS MEU AMOR
JÁ QUE APOLO AUTORIZOU
HOJE EU VOU COMEMORAR

ELECTRA
VEM MEU POVO, É HORA
TODOS JUNTOS, AGORA

ORESTES/ELECTRA/CORO
VAMOS CUIDAR
DO QUE TEMOS QUE CUIDAR

(Entram todos no palácio.)

APRESENTADOR
A NOSSA TRAGÉDIA ACABOU
DEPOIS QUE O BODE MORREU
E A TERRA FERTILIZOU EM SEGUIDA
E ENTÃO, O POVO DAQUI
COM COMOVIDA EMOÇÃO
VAI SAIR EM PROCISSÃO DE DESPEDIDA
CANTANDO A GLÓRIA DE APOLO
E A BELEZA DA VIDA
COM UM DITIRAMBO
NA AVENIDA

(O samba entra só com o cavaco e o puxador. Os portões do castelo se abrem e o povo desfila)

APOLO
DIVINO DEUS DA ALEGRIA
ESTOU VESTINDO A FANTASIA
DE UM POVO QUE CONQUISTOU A LIBERDADE

RECORDO
AQUELES CAMPOS VERDEJANTES
QUE VOLTARÃO A SER COMO ANTES
DA FOICE DA MALDADE

EU CHORO
PELOS IRMÃOS QUE AINDA SOFREM A MALDIÇÃO
VIVENDO NA AGONIA E NA AFLIÇÃO
VENDO COMO SEUS FILHOS SÃO TRATADOS
NA MISÉRIA SEGREGADOS, ESCRAVIZADOS
ENTRE A MENTIRA E A DEGRADAÇÃO

IMPLORO
EM NOME DESSA LIBERDADE
PELA ALEGRIA DA CIDADE
EXPLODINDO NO NOSSO CORAÇÃO

APOLO
O MEU ARDOR É TÃO PROFUNDO
QUE AINDA VAI COBRIR O MUNDO
DE ESPERANÇA
SOU UMA CRIANÇA EM SEU COLO
APOLO, APOLO, APOLO

FIM

FICHA TÉCNICA:

Autor:	Sófocles
Tradução:	João Ubaldo Ribeiro
Dramaturgia:	Anselmo Vasconcellos e Antonio Pedro
Libreto:	Antonio Pedro e Gabriel Moura
Coordenação de encenação:	Anselmo Vasconcellos
Encenadores:	Andréa Dantas, Cláudia Borioni
	Luca de Castro
	Ricardo Petraglia
	Wanderley Gomes
Músicas e direção musical:	Gabriel Moura
Cenários:	Anselmo Vasconcellos e Cachalote Matos
Figurinos e adereços:	Catia Cilene Vianna
Iluminação:	Antonio Pedro e Anselmo Vasconcellos
Direção de cena:	Wanderley Gomes
Montagem:	Iran Moço
Contra regra:	Lúcio Flávio "Russo" Marques
Produção:	Julio Calasso
Coordenação geral:	Antonio Pedro

ELENCO:

Electra:	Andréa Dantas
Clitemnestra:	Cláudia Borioni
Crisóstemis:	Elisa Pragana e Simone Debet
Orestes:	Marco Antonio Rodrigues
Pílades:	Apolo
Preceptor:	Luca de Castro
Egisto:	Ricardo Petraglia
Oráculo:	Wanderley Gomes

Corifeus: Andrea Bordadagua, Edvand Viana, Elisa Pragana, Evandro Machado, Janaina Carvalho, Marcelo Dias e Simone Debet.

Coro: comunidade da Mangueira como maioria dos participantes: Adalberto Lopes Januário, Albergertte A. Pinto (Berga), Alexandre Martins Cabral, Aline Vita Paulino da Silva, Ana Cristina da Conceição de Oliveira, Ana Flávia C. de Oliveira, Anderson Lopes Machado, Anderson Santos da Silva, Andréa Ramos da Silva, Andréia Cristina da Silva, Andressa Silveira, Apolo de Souza Pinto, Brenda Regina dos Santos Gomes, Bruna da Silva Agra, Carla Gama Borges Torres, Carlos Eduardo Lapa da Silva, Carlos Gutemerg da Silva, Carlos Melo de Lima, César Vinicius Gouvêa Martins, Claudia Rodrigues, Cristiane Garcia, Daniel Conceição Santos, Daniele Torres Martins Sanches, Daniely Freitas do Sacramento, Dayane Ferreira de Souza, Décio Luís Moreira da Silva, Douglas Silva, Douglas Winits, Eduardo Santos, Eliane Nascimento dos Santos, Elias Ferreira dos Santos, Elisabeth Sacramento dos Santos, Elisangela Machado Florêncio da Silva, Elizabeth Marques, Emerson Bacha Wanderley, Erik José da Silva Noises, Erika Gomes dos Santos, Eronidia Ricardo de Oliveira, Esloan Gomes de Souza, Fabiano Pereira Freitas, Fábio dos Santos Lopes, Fabíola Inês da Silva, Fernanda Cury, Fernanda Paula, Frida Santiago Ribeiro, Hylton Oliveira de Abreu, Ingrid Ferreira de Souza, Iraci Monteiro da Silva, Iraci dos Santos, Isaac Brito Simão, Izabel Nicolau dos Santos, Izabela Rachel Nicolau dos Santos, Isaias Mendonça, Izabel Melchiades, Juailson Bezerro dos Santos, Jurema Moisés, Katia Kelly, Leandro da Conceição Costa, Leomir Melo da Conceição, Leonam da Silva, Lilian Silva, Luana Lins dos Santos, Luana Lins dos Santos, Lucilene do Nascimento Pereira, Luiz F. da Luz, Luiz Ronaldo de Oliveira Muniz, Luiza F. Pereira, Manuela Maria, Marcela Maria, Marcelo Teixeira Coelho, Márcio Andrade da Silva, Marcio Gomes, Marco Antônio de Oliveira, Marco Antônio Rodrigues, Marcos Vinicios Lacerda, Marcos Vinicius S. Santos, Marcus Vinicius L. Marques, Maria Ainda Corrêa dos Santos, Maria Aparecida Araújo, Maria das Graças da Silva, Maria

Teresa R. da Silva, Mariana da S. Trotta, Michele Cristina Teixeira Sondes, Miriam da Silva Rocha, Monalisa Ferreira da Silva, Nelson Marcondes, Nelson Marcondes Filho, Nelson Reis Oliveira, Neusa Monteiro, Nilton Pontes, Ordilei Gonçalves, Rafael Flávio da Silva Pantaja, Rafael Nicolau, Rafael Nicolau, Reginaldo Rocha de Oliveira, Ricardo Alexandre da Moura Alvarenga, Ricardo Keferhaus, Rivaldo Serafim do Nascimento, Roberto Cavalcante Martins, Roberto F. dos Santos Sobrinho, Roberto F. dos Santos Sobrinho, Roberto Firmino, Roberto Jeferson N. dos Santos, Rodrigo Senra de Oliveira, Roseni Damasceno, Rosilene Miliotti da Silva, Rosimar Nurbi da Crez, Sérgio Fabião, Sergio Rodrigues de Freitas, Sidnei Andrade, Sidney Marques de Souza, Sonia Maria da Silva, Thiago Costa, Ubiranei de Oliveira, Valdirene de Medeiros Marques, Valmir da Silva Ribeiro, Vanessa Freire de Melo, Vanessa Soares da Conceição, Vitor Nascimento Santos, Wilson Carlos Couto do Nascimento, Wilson Luiz.

Anexo 7

DESIGUAL, CONTRADITÓRIO E DESCOMBINADO

> Este é o desabafo de um produtor (Júlio Calasso), num país onde a lei que rege a produção artística é a mesma que rege qualquer indústria e comércio. (A. P.)

Sou o único diretor do CETE que não participou da experiência do TUERJ e no grupo respondo pela atividade mais solitária do universo teatral: a produção.

De São Paulo, vim contratado pelo Ricardo Petraglia, amigo e parceiro de longa data e inúmeras aventuras paulistas, para formular e formatar um projeto de produção cinematográfica, uma de minhas atividades na década passada.

Com o projeto quase concluído o Ricardo me aproximou de um pessoal do antigo TUERJ para formatar outro projeto: a intervenção teatral do grupo no desfile da Escola de Samba Tradição, que acabou não dando certo, mas marcou, tanto que continuamos a nos ver com freqüência.

O Antonio Pedro, conheço de sua temporada paulista desde *Roda Viva*; fomos atores em *Galileu Galilei*, no Oficina e participamos de um filme acidentado, nos idos de 1970, auge do AI-5, mesma época em que conheci Valter Marins.

Nos vários encontros que tivemos depois que o projeto da Tradição não vingou, começamos a alentar a possibilidade de reiniciar o velho e querido TUERJ, sabendo que não conseguiríamos repetir o mesmo modelo e dispor de:

1. um teatro (cujo espaço, sabemos, foi inteiramente transformado pelo grupo);

2. um público (alunos da UERJ e das cercanias, inclusive da Mangueira)

3. salários e custos de produção bancados pela Universidade.

O governador Garotinho tinha acabado de ser eleito e nós (Antonio Pedro e eu) chegamos à conclusão que ele (Antonio Pedro) teria condição de uma excelente aproximação com o novo Secretário de Cultura do Estado.

O Secretário de Educação já definido, seria nada menos que o professor Hézio Cordeiro, antigo reitor da UERJ que tinha "assumido" o projeto do grupo.

Nesta situação, achávamos que essas Secretarias poderiam nos patrocinar, agora em novas bases, para realizar um novo/antigo sonho do Antonio Pedro: um grande musical utilizando todos os mandamentos acumulados em anos de estrada e contar uma história completamente não oficial dos quinhentos anos de História do Brasil que se comemoraria no ano seguinte, 2000.

Aí começou o CETE, que nunca teve sede, salário fixo nem público cativo.

Tudo sempre precisou ser cavado, inclusive os espaços onde desenvolvemos os projetos, além de nossos salários e custos de produção.

Foi assim que realizamos, entre julho de 1999 e abril de 2004 (nosso último trabalho até agora) 12 espetáculos, nos mais diversos formatos, de clássicos a criações instantâneas, com dois atores em cena ou 150 jovens e adultos com os quais construímos *O Incrível Encontro*, por exemplo.

Um erro de cálculo nos custos ou no tempo de realização de um projeto, um prejuízo de bilheteria, uma mancada de fornecedor, impostos e taxas insuportáveis, qualquer erro é sempre fatal e definitivo para a produção.

Além disso, no atual modelo, somos regidos por exigências de qualquer empresa: de manter a regularidade fiscal e tudo o mais, caso contrário, não se aprova um projeto em nenhuma lei de incentivo ou se participa de concurso.

O projeto é hoje uma exigência como para qualquer outro setor da sociedade.

Sou a favor desta configuração, que vai de sua apresentação em concursos públicos ou privados, leis de incentivo, patrocinadores e que, ao cabo, se preste contas de sua realização e correção no uso dos recursos utilizados.

Até aí, tudo bem, são regras óbvias de "boa governança" em qualquer setor.

Todas as certezas são insuficientes para se transformar palavras, sonhos, textos escritos em papel, músicas que ainda serão compostas, em realidade material na forma de espetáculos de um grupo de teatro que parte do princípio erguido sobre um conceito abstrato e a imagem difusa de uma mandala, incrível "sacação" contra as formas tradicionais em que o conhecimento (ou poder) se exerce, como muitíssimo bem o Antonio Pedro não só compreende mas é seu guardião junto ao grupo, onde ele não deixa a peteca cair.

Nada contra.

Agora, como traduzir esse conceito em ação, desenvolvimento de projeto e realização material?

O desafio permanente é o combustível que me faz permanecer no grupo, tentando encontrar as respostas palpáveis, materiais e objetivas para as questões colocadas e podermos cumprir nossa função de grupo teatral.

Vivi sempre debaixo de uma pergunta sem resposta pronta, tal qual o grupo em que estou inserido:

COMO ME POSICIONAR, AGIR E PRODUZIR NUM AMBIENTE DE ALTÍSSIMA COMBUSTÃO E VENCER O DESAFIO PROPOSTO: DESCOBRIR A LÓGICA DE UM UNIVERSO DESIGUAL, CONTRADITÓRIO E DESCOMBINADO ERIGIDO SOBRE UM CONCEITO QUE SE APÓIA NA IMAGEM DE UMA MANDALA?